和谐校园文化建设读本

论法国教育

邵 蓉/编著

吉林出版集团股份有限公司

吉林教育出版社

图书在版编目(CIP)数据

论法国教育 / 邵蓉编著. — 长春：吉林教育出版
社，2012.6（2022.10重印）
　（和谐校园文化建设读本）
　ISBN 978-7-5383-8977-7

Ⅰ. ①论… Ⅱ. ①邵… Ⅲ. ①教育事业－研究－法国
Ⅳ. ①G556.5

中国版本图书馆 CIP 数据核字(2012)第 116087 号

论法国教育
LUN FAGUO JIAOYU
　　　　　　　　　　　　　　　　　　　　　邵　蓉　编著

策划编辑	刘　军　　潘宏竹		
责任编辑	张　瑜	装帧设计	王洪义

出版　吉林出版集团股份有限公司（长春市福祉大路5788号　邮编 130118）
　　　　吉林教育出版社（长春市同志街 1991 号　邮编　130021）
发行　吉林教育出版社
印刷　北京一鑫印务有限责任公司
开本　710 毫米×1000 毫米　1/16　　**印张** 13　　**字数** 165 千字
版次　2012 年 6 月第 1 版　　**印次**　2022 年 10 月第 2 次印刷
书号　ISBN 978-7-5383-8977-7
定价　39.80 元

编 委 会

主 编：王世斌

执行主编：王保华

编委会成员：尹英俊　尹曾花　付晓霞

刘　军　刘桂琴　刘　静

张　瑜　庞　博　姜　磊

潘宏竹

（按姓氏笔画排序）

总 序

千秋基业，教育为本；源浚流畅，本固枝荣。

什么是校园文化？所谓"文化"是人类所创造的精神财富的总和，如文学、艺术、教育、科学等。而"校园文化"是人类所创造的一切精神财富在校园中的集中体现。"和谐校园文化建设"，贵在和谐，重在建设。

建设和谐的校园文化，就是要改变僵化死板的教学模式，要引导学生走出教室，走进自然，了解社会，感悟人生，逐步读懂人生、自然、社会这三本大书。

深化教育改革，加快教育发展，构建和谐校园文化，"路漫漫其修远兮"，奋斗正未有穷期。和谐校园文化建设的研究课题重大，意义重要，内涵丰富，是教育工作的一个永恒主题。和谐校园文化建设的实施方向正确，重点突出，是教育思想的根本转变和教育运行机制的全面更新。

我们出版的这套《和谐校园文化建设读本》，既有理论上的阐释，又有实践中的总结；既有学科领域的有益探索，又有教学管理方面的经验提炼；既有声情并茂的童年感悟；又有惟妙惟肖的机智幽默；既有古代哲人的至理名言，又有现代大师的谆谆教诲；既有自然科学各个领域的有趣知识；又有社会科学各个方面的启迪与感悟。笔触所及，涵盖了家庭教育、学校教育和社会教育的各个侧面以及教育教学工作的各个环节，全书立意深邃，观念新异，内容翔实，切合实际。

我们深信：广大中小学师生经过不平凡的奋斗历程，必将沐浴着时代的春风，吸吮着改革的甘露，认真地总结过去，正确地审视现在，科学地规划未来，以崭新的姿态向和谐校园文化建设的更高目标迈进。

让和谐校园文化之花灿然怒放！

本书编委会

目 录

第一章　法国的教育思想

法国是一个充满浪漫气息的国度,同时也是一个时尚的地方,其完善的教育体系更是为世界所公认。很多人去法国留学,不仅是迷恋那里的浪漫气息,更重要的是可以学到更多知识,提升自己的专业素质和涵养。

自拿破仑建立第一帝国以来的近两个世纪里,法国尽管没有出现像卢梭、爱尔维修、狄德罗等这样一批在教育思想和教育理论方面对世界产生重大影响的教育家,但仍有一批颇具影响的著名学者。他们当中有社会主义者、社会学家、哲学家、欧洲新教育运动的倡导者和教育家。他们从社会、政治、心理和民主化等问题出发,对教育进行了深入的探讨和研究,有的还亲自进行了教育改革实验,以至形成各种教育思潮,为教育的发展做出了贡献。

19世纪初,法国出现了以圣西门、傅立叶为代表的空想社会主义者。他们在探讨实现空想社会途径的过程中所提出的许多原则和学说,成为马克思主义的三个来源之一,两人的教育思想是其整个思想体系的重要组成部分。他们主张建立新社会制度国家,对广大人民群众实行普及教育,这一思想具有非常积极的意义。

克劳德·亨利·圣西门(1760—1825)

圣西门出生于法国一个旧式的封建贵族家庭。他早年曾以此为荣,并自豪地说:"我是查理大帝的后裔。"他幼年在家里受过正规的教育,著名的启蒙思想家、百科全书派的达朗贝尔曾当过他的家庭教师,给他以重大影响。圣西门参加过法国政府为支援北美殖民地反英起义的远征兵团,到美洲参战。在参战过程中,目睹了与封建专制制度迥然不同的资本主义美洲生气勃勃的景象以后,圣西门形成了资产阶级民主思想。1789 年法国革命爆发时,许多贵族纷纷逃往国外。相反,圣西门却从外国返回自己的祖国,加入革命的洪流,发表演说,拥护革命,主动放弃伯爵爵位,从贵族转向第三等级。

法国革命后,圣西门转而从事学习当时的自然科学和研究工作,结交了不少有名的科学家。他决心掌握最新的科学成就,并在这一基础上创立自己的哲学体系,以实现他"改进人类文明"和"改进最穷苦阶级的精神和物质状况"的许多设想。从 1802 年开始的二十几年中,圣西门埋头写作,逐渐发展和完善自己的思想体系,预见到许多社会主义原则。为他在《新基督教》这部著作中,完成了他所创建的空想社会主义思想大厦的全部工作。马克思在《资本论》中曾经指出:圣西门在他的最后一本著作《新基督教》中,直接作为工人阶级的代言人出现,宣告他的最终目的是无产阶级的解放。

圣西门没有专门发表过教育著作,但是他的思想十分丰富,并反映在他的一些论著之中。

一、对宗教教育和旧教育的批判

基于唯物主义自然观,圣西门对于传统的宗教神学和宗教教育采取了批判态度。他认为宗教绝不像神学家所说的那样是神创造的,而是人发明的。他还试图说明宗教产生的原因,以及灭亡的必然性。在他看来,当人类的科学知识还处在萌芽状态,还很少的时候,当人们还没有认识到支配世界的客观规律的时候,对所遇到的困难无法解释,便"把宇宙发生的一切现象的原因都看成是有灵性的",相信神灵相信天启。"只要人们能够完全认识这些规律,这种信仰就完全是多余的,而且绝对没有益处……当已经获得的知识大大超过那些代神立言的人的知识,并且能够揭露被尊为天书的书籍中的错误的时候,人们自然不会再信神启。"①

---

① 《圣西门选集》上卷,商务印书馆 1962 年版,第 125 页。

尽管圣西门只是片面地从自然规律对人的统治而没有同时从社会统治阶级对人的统治来说明宗教的起源，但他指出了宗教只是一种暂时的历史现象，宗教信仰终将被消灭。

在空想社会主义教育思想史上，莫尔和康帕内拉只对经院主义教育进行过批判，很少直接批判宗教教育。温斯坦莱则对宗教教育进行了比较深刻的批判。让·梅叶在其著作中，集中批判宗教和宗教教育。与温斯坦莱相比，让·梅叶对宗教教育的批判，其范围要广泛得多，而且更有深度。圣西门与上述空想社会主义的先驱者相比，生活在 18 世纪上半叶到 19 世纪前 30 年。这时科学技术比前两个世纪有很大的发展，人们对宗教和宗教教育的看法和批判也必然与过去有所不同。在批判宗教教育方面，圣西门比他的先辈们进了一步的地方，在于他指责当时的政府把国民教育的领导权交给天主教耶稣会。这一点是圣西门对空想社会主义教育思想的贡献。

圣西门除了对宗教和宗教教育进行了深刻尖锐的批判外，还敏锐地觉察到整个旧教育的弊端，并对这些弊端进行抨击。他首先指出，多少世纪以来，法国的教育部门把法国人民教育成为自卑的自认为是无能的对统治阶级俯首听命的人。他说："普通的法兰西人民所受的教育，使他们认为自己没有任何权利来干预国家大事，甚至认为自己没有能力思考如此高深的概念。"其次，他揭露了大学教育的弊端："经过在不同时期以独特的方式教授古代文献之后，这些大学便产生和养成一种过分崇尚古代、古代伟人和古代制度的尊古风气：社会上所重视的，人们所欢迎的，人们想从一代青年人身上看到的，并不是他们对祖国的制度，对当代的事物和人物的了解，而是他们对古代的学识，他们那些与当今毫无关系的一无所用的往昔的回忆。因此，人们期望于青年初学者的，并不是要求他们的才能；人们帮助青年们取得的，并不是对民族发生有益影响和进行明智改革的能力，而恰恰相反，却是危害同胞的权力；最后，这样教育出来的青年人，不是去改造社会的状况，不是保护本国人的自由，而是相反,成为统治者,为维护统治者的利益而进一步扩大上述种种弊端。"

从上面我们可以看出,圣西门是从总的教育状况和教育的结果,用现在的话来说,是从宏观的角度来批判整个旧教育的。这种批判是深刻的、一针见血。

二、关于教育的领导权

圣西门指出,从中世纪以来,教徒"同军人平分封建制度的世俗特权后,就不仅独占了整个社会的而且也独占了社会各个部分的领导权,社会的公共教育和私人教育,都完全由教徒领导,他们的学说和决定还指导着年龄不同和生活状况各异的一切人的思想和行为"。圣西门认为,造成这种情况的原因是那时"实证科学还不存在,教徒是唯一有知识的等级,从而必然取得控制人们思想的全权,主宰人们的信仰"。在这里他只找到表面的原因。而根本的原因是教徒与世俗封建主一起,控制了当时物质生活资料的生产,也必然控制精神生活资料的生产。

圣西门认为,在实业得到发展,实证科学知识有了长足的进步和发展的时代,在他的理想社会里,教育的领导权必须改革,必须由掌握科学知识的人领导教育,这样才有利于实业的发展,有利于人民和整个社会。他说:"我认为,新的精神权力要由欧洲现有的一切科学院和有资格进入这种学术团体的一切人员构成……这个新的精神权力应受托管理社会教育和人民教育工作。"为什么必须由掌握科学知识的人来领导教育呢?他认为,这是因为,自从阿拉伯世俗的实验科学传入欧洲,以及欧洲的实业逐渐发展起来以后,实验科学、实证科学也迅速发展,"教徒的知识优势便完全消失了……在教育的影响下,人们的思想逐渐摆脱了神学观念的全面束缚……现在,只有科学的论断能使人信服,而神学的武断只能在社会最愚昧无知的阶级中有其实际的影响……但也相当微弱,绝对赶不上学者的观点(科学知识)在这里发生的影响"。

三、关于教育的目的和任务

圣西门认为新的社会政治制度是为了使社会的全体成员得到美满

的精神幸福和物质幸福。要实现这个目标,必须创造两个条件,其中一个条件是尽量发展实证知识,发展教育。因此,使人民得到美满的幸福和物质幸福也是教育的目的。很明显,圣西门是从宏观上考虑教育目的的。因此,谈论教育目的时,往往与整个社会政治制度所要达到的目标,与整个社会道德目标分不清。例如,他说:"道德的一般目的在于从物质上改善人类的物质生活,从精神上改进人类的智力活动。"这里他说道德的一般目的,并不是具体谈论新社会将要培养青年一代什么样的道德品质,而是谈改善人类物质生活和智力活动,这与其是说道德目的,不如说是教育目的更为恰当。

既然新社会制度的总目标和教育目的是使人民得到精神幸福和物质幸福,那么,教育的任务就是"通过教学传播关于支配自然现象的规律和可以按照人们的意志改造自然的方法的知识","应当让具有最强的实证性有益的知识的学者去教育青年和人民","就是必须尽量发展实证知识,让理性获得足够力量,以使人们为了改善自己的命运,开始越来越依靠科学知识和实业活动,而不求诸自己的信仰、祈祷和宗教知识"。这样人们的智力就可以得到广泛的发展,既可以改造自然,为人类造福,又可以欣赏艺术,从而达到精神和物质的幸福。

四、关于普及教育

既然圣西门认为教育的任务之一是使社会所有成员的智力得到广泛发展,因此,他认为一个建立起新社会政治制度的国家,必须实行普及教育。他说,"学者先生们(他认为学者们应当领导国民教育),这要求你们提出关于个人利益怎样能够同公共利益结合的明确观点,并拟出一项使既得的实证知识能尽快地在一切社会阶级和各等级人士中传播的国民教育计划。"又说,"国家的皇家科学委员会最高科学委员会应首先制定一般原理……这个一般原理将是对一切社会阶级,从最穷的无产者一直到最富有的公民进行基础的国民教育。"

怎样实行普及教育呢？对这个问题圣西门提出一条很好的，很有现实意义的主张，就是国家应当保证拨给教育部门充分的教育经费。因为这是直接促进提高大多数居民的精神福利和物质福利的手段，是国家的重要开支。他说，"国家的这种重要开支包括下面三个方面：使一切身体健康的人能够有工作以保证他们的生存所需的费用；以尽快地在无产阶级中间普及现有的实证知识为目的的费用；为帮助这个阶级的成员可以得到有助于他们的智力发展的享乐和消遣所需的费用。"怎样筹集这项教育经费呢？他提出了一条合理的建议，即把国家机关中那些光拿薪水不干实事的官僚减下来，把他们的高薪金用来办普及教育。他说："只用各部门的高级机关的尸位素餐的官僚的薪俸的十分之一就足以在十年之内教会法国的全体无产者写字、读书和计算。"（这里圣西门只说普及无产阶级的教育，而不是全体居民的教育，因为在他那个时代，无产阶级是被剥夺了受教育权的阶级，有产阶级本来就享有受教育的权利，本来就在受教育。因此，在某种意义上说，普及教育，就是把教育普及到未受教育的无产阶级及其子女中去。）圣西门把教育经费看作国家的三大重要开支之一，而且提出裁减那些光吃国家俸禄而不做实事的官僚，把他们的高额薪俸拨充教育费，这在空想社会主义思想史上甚至在整个教育思想史上都是一种独创。这种思想在我们当今的社会主义中国有现实意义。在我们的国家里，不是还有一些舍不得拨教育经费的当权者？不是还有不少无所事事，"整天只是抽烟、喝茶、看报"的干部吗？把这一部分干部裁减掉，把他（她）们的薪金用作教育经费对国家和人民有利得多。

五、关于教育和教学内容的改革

圣西门用变化发展的眼光看待事物，也用这种眼光看待教育和教育内容这个问题。在他看来，在不同的时代，教育内容是不同的，教育内容是随时代的发展而发展的。同样，在不同的时代，衡量一个人是否受过良好教育的标准是不同的。比如他说："在15世纪,国民教育几乎完全是神学教育。从路德实行宗教改革开始,到光芒四射的路易十四时代,国民学校逐渐学习世俗作家、希腊作家和拉丁作家的作品。这些课程继续扩大,终于排挤了神学,变成了宠儿,把所谓的神圣科学贬谪到特设的学校里去……在路易十五在位时期,物理学、数学开始成为国民教育讲授的学科;到路易十六执政时期,这两门科学就已经成为教学内容的主要部分。目前,人们把学习文化只看成是一种消遣。在这方面,事物在新旧秩序之间,出现了巨大的差异。在距离我们还相当近的这些年代,要知道一个人是否受过良好教育,人们问他是否熟悉希腊、拉丁作家的作品。而在今天,却要问他是否长于数学,是否精通物理、化学、博物学方面的既有知识。一句话,他是否精通实证科学和实验科学。"

教学内容为什么会变化和发展? 对这个问题,圣西门没有直接谈论或回答。但我们从他的论述中不难看出,他对欧洲各国在文艺复兴时期,学校的教学内容逐渐以希腊文、拉丁文以及希腊和拉丁的作家的作品代替宗教神学的内容这种变化,没有寻找原因。而认为18和19世纪初期学校中逐渐以数学、物理、化学、博物、天文学等科学学科代替古典语文和文学学科这种变化,是因为产生了实证科学和实验科学。他说:"从15世纪以来,人类的理性已在实证的基础上改造了天文学、物理学和化学,而这些学科现在已构成国民教育的内容,成为国民教育的基础。"他还说:"随着新科学体系的建立,显然也要改造宗教、一般政治、道德和国民教育体系,从而也要改造僧侣阶级,因此,在一些主要学校里,青年人主要学习新科学体系。"由此可见,圣西门把社会上出现了实证科学、实验科学的新科学体系看作原因,而学校随之出现了新的教学内容看作结果。这种观点是正确的。它代表了当时学校的教学内容适应生产、科学技术和社会的发展的需要而不断改革的进步趋势。在空想社会主义教育思想史上,这样明确地谈论各种科学体系的发展与学校教学内容变革的因果关系,圣西门还是第一个。

六、关于年龄分期

圣西门粗略地考察了人从出生到成年身心发展的过程及其相应的教育问题。他认为,个体的身心发展是逐渐地和不断地而且是非常缓慢地进行的。他把人从出生到成年的身心发展过程分作三个发展阶段:第一,从出生到 7 岁。他对这个年龄阶段儿童的身心发展情况和教育情况没有任何论述。第二,从 7 岁到 14 岁。他认为国民教育应从这个时期开始。在这个时期里,儿童的感情特征和记忆能力都得到突出的发展。在这个时期里,在对学生的全部教育中,教养的作用大于教育的作用。这就是说,在这一时期,在宿舍和学校负责监督学生行为的教师对儿童的影响,要大于对儿童进行教育工作的教师的影响。圣西门所说的"教养"是指除知识教学以外情感和道德方面的教育,包括如何做人,如何处理好人与人、个人与社会、个人与国家的关系。圣西门非常强调"教养"的作用,认为如有些儿童受过了完善的教育,但是没有受过任何教养;再如,有一所学校学生受过很多教养;再如有一所学校,儿童在这里可以听到各种优秀教师的讲课,但在课余时间不准学生同外界接触,以免学生分心。儿童由这样的学校毕业以后……将不会知道,为了过正确的社会生活,哪些知识是有用的;他们在人与人的关系方面,将没有任何生活经验;他们还必须学习很长时间,才能担当起某一项社会工作。圣西门的意见是对的,无论是道德教育还是科学知识的教育,都不能脱离实际。脱离实际的东西不会有多大用处的。他认为,在这个时期,应当使儿童的身心方面的一切能力得到应有的发展。第三,从 14 岁到 17 岁。在这个时期,对学生进行教学的教师对学生影响非常大于监护人对学生的影响。人到 21 岁时,开始被看作成年人。人的智力发展水平和预见能力,一般均已达到不再需要社会对他们进行特别监护了。

从以上可知,圣西门对年龄分期以及各年龄期的教育的论述是很粗略的,与前人比较没有什么新的独特之处,并且远不如他的同时代人欧文对这个问题论述得详细和系统。

七、关于道德教育

与历史上的教育思想家和教育家一样,圣西门也非常重视道德教育。

圣西门认为,道德的最高目的是改善人类的物质生活和智力活动,使人人获得精神幸福和物质幸福。如何达到这个目的? 他认为应当通过对全体社会成员进行道德教育,以便在每个社会成员思想中牢固地树立"促使每个人提高生产的积极性和尊重别人的生产"的思想。具体的办法是:以基督教的道德作为道德教育的基础,即以"己所不欲,勿施于人""人人皆兄弟姐妹"的训条教育大家,使大家互相帮助和关怀。但是,圣西门认为,光进行这种宣传教育,还是消极的做法,因为这些准则只有间接的强制性,甚至对个人来说,并没有什么强制性。因此,他建议向全社会宣布一条"人人应当劳动"的准则,这才是积极的做法。因为他认为"从事劳动的人是最幸福的人。所有成员都会有效利用时间的家庭是最幸福的家庭。闲散人员最少的国家是最幸福的国家。假如没有游手好闲的人,人类一定能够享受到他们所追求的一切幸福。"。圣西门在这里指出劳动教育是道德教育的重要手段,这是大多数空想社会主义的教育思想家所共有的一个特点。

在空想社会主义教育思想史上,圣西门与他的先驱者的不同的地方,在于他从宏观上论述教育问题较多,如他认为应当改革教育领导管理制度,把教育领导权交给国家科学院的成员,国家应多拨教育经费,以发展教育事业,教育的总目的是使人民得到精神幸福和物质幸福,因此,教育的内容是实证知识,即当时的各种科学知识等等。这也是圣西门在教育思想上超过他的先驱者的地方,因此成为马克思主义教育思想的一个来源。

夏尔·傅立叶(1772—1837)

著名的空想社会主义者。他出身于一个富有商人家庭,中学时代喜欢数学、文学、音乐等学科,并在这些方面表现出非凡的才华。他非常喜欢数学,认为这是一门精确性很强的学科。他还喜爱艺术,喜爱它丰富的表现力。中学毕业后,迫于家庭的压力,傅立叶只得弃学从商。不过,他也因此能有机会了解到现行社会制度的种种弊端,并为他以后走上空想社会主义道路奠定了基础。

傅立叶曾参加过法国大革命,后来由于雅各宾派实行恐怖政策,使他倾家荡产,丧失了全部资本,而且两次被捕入狱,因而产生了反对暴力革命的思想。1797年至1812年期间,傅立叶重新经商。这期间,他再次目睹了资本主义的罪行,也亲眼看到了广大劳动群众的苦难。所有这些都成为他日后批判资本主义制度和探求改革社会道路的重要材料来源。

傅立叶的理论系统形成于19世纪初。1812年他离开商界,开始潜心研究著书,立志要开辟"人类命运"的道路。经过一个时期的思考,傅立叶设想出一种被他称为"和谐制度"的社会。这是一种建立在以"法朗吉"为基层单位的全新的社会制度。法朗吉的原意是指古希腊的步兵方阵,后来用来表示内部团结一致的团体。傅立叶正是用它来作为和谐制度下自给自足的基本生产单位的。在这种和谐制度里,法朗吉是一个工农结合、城乡结合的新型组织形式。在这里,没有国家政权机构,也不存在城乡差别。傅立叶的这一构想为后来科学社会主义的创立提供了重要的思想材料。

傅立叶十分重视教育,把教育当成法朗吉的一项重要事业。他认为,教育涉及青年一代的培养,涉及人的全面发展、体力劳动和脑力劳动相结合、教育与生产劳动相结合等一系列问题。傅立叶提出的这些主张同样成为科学社会主义教育思想的重要内容。

傅立叶对资本主义深刻的观察以及对资本主义制度的批判,是他著作中最有价值的部分。他一针见血地指出,资本主义的"文明制度过去是,将来也只能是一切罪恶的渊薮,是幸运的对立物,是颠倒世界,是社会地狱"①。他认为资产阶级的道德"过去和现在永远只能为犯罪行为服务"②。他断言,文明制度的教育完全是强迫"儿童服从符合等级精神的各种不同的教育,以及服从适合内阁的更迭精神的各种不同原则"③。因此,这种教育只能是"压抑和歪曲儿童的才能","把青年引导到与本性相反的方向去"。他还指出,"文明制度下的教育是违反健康的,他使儿童随着教育上的精力的消耗,身体相应地衰弱下去"④。一句话,傅立叶对资本主义教育摧残儿童身心健康,压制儿童才能正常发展,进行了尖锐地批判。

傅立叶把培养和教育作为法朗吉的重要任务。他认为,对法朗吉新生一代的培养和教育是巩固和完善和谐制度的重要环节,是实现未来理想社会的重要基础。因此,他提出要在法朗吉实行新的教育——和谐制度的教育。这种新的教育应当包括适合儿童本性的自然的教育,促进人的全面发展,实行教育与生产劳动相结合等。

傅立叶主张的适合儿童的自然教育,要求按照儿童不同的发展阶段因材施教。他把儿童教育划分为婴儿期(0—2岁)、幼儿期(2—4.5岁)、中期幼儿期(4.5—9岁)、年长幼儿期(9—15.5岁)和混合童年期(15.5—20岁)。为了使儿童健康成长,"必须从摇篮时期起就大胆地发展天然的禀赋"。在法朗吉内,儿童的婴儿期和幼儿期,即使是"最贫穷的儿童所得到的照料还会比文明制度下王子所能享受的照料好得多"⑤,可使他们的心身得到全面发展。中期幼儿期时,要让儿童直接受教育,使其"身体的能力"得到发展。年长幼儿期的儿童应受到"进一步教育",特别是在

---

① 转引自沈炼之主编:《法国通史简编》,人民出版社,1994年,第273页。
② 《傅立叶选集》第4卷,冀甫译,商务印书馆,1964年,第203页。
③ 同②,第3卷,第278页。
④ 转引自任钟印主编:《世界教育名著通览》,湖北教育出版社,1994年,第622页。
⑤ 转引自任钟印主编:《世界教育名著通览》,湖北教育出版社,1994年,第624页。

"精神能力"方面得到发展。混合期是青少年的"最后教育"阶段,这一时期的教育应包括美德教育,并把美德利用在社会福利上,让儿童多参加集体活动。

傅立叶关于教育与生产劳动相结合的理论是他对于现代教育最重要的贡献之一。他十分重视生产劳动,把劳动教育作为和谐制度下教育的重要内容。他认为这种"教育的目的在于实现体力和智力的全面发展,把他们全部精力,甚至把娱乐都用在生产劳动上"①。没有劳动,"一切教育都是荒谬的"。然而,文明制度下的教育只会"使儿童脱离劳动,使劳动变成儿童的一件可恨的事"。因此,傅立叶主张让儿童从小就参加劳动,让儿童在小工厂里参观,进行一些探索的尝试和工作的实验,使他们的求知欲和好奇心得到满足。重要的是,傅立叶认为劳动是一种美德,应当通过各种途径"把人们向着劳动和美德吸引",使人们获得热爱劳动的动力,并感到劳动和美德能给人类带来幸福和快乐,进而将劳动由苦事变成乐事。恩格斯曾对傅立叶的这些思想给予高度的评价,他说,傅立叶确定了劳动和享受的同一性,指出现代社会制度把二者分裂开来,把劳动变成痛苦的事情,把欢乐变成大部分劳动者享受不到的东西,是极端不合理的。恩格斯还指出,"在合理的制度下,当每个人都能根据自己的兴趣工作的时候,劳动就能恢复它的本来面目,成为一种享受"②。

傅立叶还希望将"科学和劳动永远结合在一起",使"儿童同时从事农业和工业生产,以及科学和艺术活动",并"在科学或劳动的组合中去从事学习"。这样,在和谐制度下,使劳动与教育、劳动与科学、劳动与艺术、劳动与娱乐都能结合起来。总之,通过体力劳动和脑力劳动的有机结合,使儿童身心得到全面发展。傅立叶所提出的关于人的全面发展、

①　转引自沈炼之主编:《法国通史简编》,人民出版社,1994年,第622页。
②　《马克思恩格斯全集》第1卷,人民出版社,1959年,第578页。

教育与生产劳动相结合、体力劳动与脑力劳动相结合等方面的设想,为马克思和恩格斯学说所吸取,成为科学社会主义教育思想的重要内容。

费迪南·爱德华·比松(1841—1932)

著名社会活动家和教育学家,1868年获得哲学教师资格,但是他拒绝宣誓效忠拿破仑三世。第三共和国时期,比松先后担任中央教育部初等教育督学、公共教育总督学等职。比松作为费里的主要合作者和费里法的起草人之一,为第三共和国前期的教育改革和义务教育制度的建立做出了重要贡献。另外,他还参与了1886年初等教育组织法的起草工作。1902年,比松当选为巴黎市议员,后又进入国家议会,直到1924年。在此期间,比松一直积极致力于义务教育的发展。他认为,教育有助于改善人和社会,学校教育的首要任务是为共和国培养公民,学校在对学生传授普通文化知识的同时必须对他们进行道德教育和公民教育。

比松还十分重视师范教育,他认为只有努力提高教师的水平,才能胜任共和国赋予他们培养青年一代的崇高使命。比松协助费里创办了圣克鲁高等师范学校和玫瑰泉高等师范学校,为各省师范学校培养师资。他还负责设立了国家、学区和县3级的教育学讲座,每年集训小学教师。在他的倡议下,法国建立了教育博物馆。他还编写了《教育学辞典》(1882—1887),主编了《公共教育指南》,创办了《教育学》期刊。1896年比松在巴黎大学文学院开设教育学课程,很有影响。后来迪尔凯姆接替了他的职位,进一步促进了法国教育科学的发展。

比松作为法国"人权联盟"的创始人,积极主张实行"代表比例制",提倡妇女拥有选举权;大力推进世俗教育和职业教育的发展。为表彰他对进步事业的贡献,1927年比松被授予诺贝尔和平奖。

阿尔弗雷德·比奈(1857—1911)

生理学家,心理学家,智力测验的主要创始人。比奈早年在巴黎大学攻读医学和生物学,获得理学博士学位。1894年,他创办了法国最早的心理学刊物《心理学年报》。1896年被任命为巴黎大学生物心理学实验室主任。作为比松的继任,1902 年他创办了法国儿童心理研究学会,现称"阿尔弗雷德·比奈和泰奥多尔·西蒙学会"。

比奈在几个不同领域从事科学研究并均有建树,而在心理学和教育学方面的成果尤为突出。比奈被看作儿童心理教育学真正的创始人,以其设置的"智力测验表"而闻名。1905 年,根据教育部的指示,比奈和他的弟子、心理学家西蒙共同研究并制定了鉴别儿童智力的标准,即著名的"比奈—西蒙智力量表"。根据 1909 年颁布的法令,开办"改进班",使弱智儿童有可能接受一种特殊教育,即一种适应他们智力能力的教育,使这些儿童同样能得到与他们智力相应的发展。

作为心理学家,比奈首先设想通过鉴别智力类型来开展智力高级功能的实验研究,即研究儿童表现心理作用的不同方式。为了建立这种学校的"类型学(typologie)",比奈将研究领域转向了教育。1901 年,比松要求他参加"儿童心理学研究自由学会"(1889 年成立)的工作,这为比奈从事教育研究提供了机会。比奈认为,教学中所遇到的各种特殊问题无非是两个方面。一个是个体教育问题,它涉及儿童的智力、接受能力和天赋,并与教师给儿童讲授的内容有关;另一个属于普通教育学的标准范畴,它涉及在一个一定的社会内部为满足文化要求的方式,为此应确定一个程序和教学法。而教学法的首要任务就是辨别个体能力,合理地确定适合每个学生的学习类型,并为他们提出各自学习目标的建议及适合他们的学习过程。近年来,法国中、小学提倡根据每个学生的具体情况来确定其学习节奏,完成学业,这也是一种合理的确定学习类型的做法。

埃米尔·迪尔凯姆(1858—1917,也译涂尔干)

著名社会学家,也是以社会学观点论述教育问题的著名学者,教育社会学创始人。他对欧美教育社会学有较大的影响,被认为是法国传统教育学的代表人物之一。迪尔凯姆出生在一个犹太教教士家庭,中学毕业后考入巴黎高等师范学校。1885 年至 1886 年去德国,在德国著名心理学家和哲学家冯特指导下从事研究。回国后被任命为波尔多大学文学院教育学和社会科学教授,这是法国大学里首批开设的社会学课程。在波尔多执教期间,他创办了法国《社会学年鉴》(1896)。1902 年,他去巴黎大学文学院接替比松开设教育学课程。1906 年被任命为教育学讲座教授,同时讲授社会学和教育学。1909 年,他在法兰西学院举办"18世纪以来法国的主要教育学说"讲座。迪尔凯姆的主要著作有《社会分工论》(1893)、《社会学方法之规范》(1895)、《自杀论》(1897)、《宗教生活的基本形式:澳大利亚的图腾制度》(1912),以及他去世后出版的《教育与社会学》(1922)、《道德教育论》(1925)等。

作为社会学家和哲学家,迪尔凯姆优先考虑的是社会协调的要求。在这一方面,他深受实证主义创始人孔德的影响。他强调人类社会是一个进化着的统一有机体,个体的发展总是伴随着并取决于社会的发展;人的道德观念与之相关联,并与之相适应。

作为教育家,迪尔凯姆从教生涯长达 30 余年。他关于教育问题的论述,"无论在数量上,还是质量上,都是他的著作的一个重要部分"①。他在巴黎大学执教时,起初是教授教育学,而不是社会学。他对教育问题的思考,主要反映在他的《教育与社会学》一书中,其他著作中也体现了他的教育观点。《教育与社会学》是他在巴黎大学的讲稿,去世后由他的学生、社会学家保尔·弗果内整理出版。书中阐述了迪尔凯姆有关教育问题的一系列重要观点,如教育的本质及其作用、教育的社会特点、国家对教育的作用、教育学的特征和方法、教育学与社会学、法国中等教育的演变和作用等。

在迪尔凯姆看来,教育是一种社会过程,各种社会形态都有着与之相适应的教育制度。如中世纪的教育首先是使人们信奉基督教;而文艺

---

① 雷蒙·阿隆著:《社会学主要思潮》,葛智强等译,上海译文出版社,1988 年,第415 页。

复兴时代,教育则具有明显的世俗性和人文主义特征。因此,对社会而言,教育只是一种手段。故迪尔凯姆认为,"教育是年长的一代又一代对于在社会生活方面尚不成熟的一代又一代所施加的行为影响,其目的在于使儿童的身体、智力和道德的一些状况都得到激励和发展,以适应政治社会总体上对儿童的要求,特别是适应儿童将来所处的特定环境的要求"[1]。一句话,"教育就在于使年轻一代系统地社会化"。

迪尔凯姆教育理论最明显的一点就是它渗透着人和社会的概念。在论述国家对于教育的作用时,他不赞成有人用家庭的教育权来反对国家的教育权,他也不赞成"国家似乎只应充当家庭的助手和代替者的角色"的观点。对此,迪尔凯姆指出,"自从教育具有一种基本的社会职能起,国家就不能不关注教育"[2]。任何学校都要接受国家的监督,并教授由国家提出的一些基本原则,如尊重理性、尊重科学、尊重思想和感情等,因为这些原则都是"民主道德的基础"。

基于教育的目的是造就"社会人",迪尔凯姆十分强调纪律教育,要求个人养成服从纪律的习惯。他把这种纪律视为一种社会准则,因而具有权威性。但这种权威并不是那种"粗暴的、庸俗的权威",而是一种团体的纪律。作为"社会人",在受到道德影响后,就会发现忠诚于团体和服从纪律的必要性,并"意识到每个社会成员现在和将来所隶属的集体内在的、卓绝的价值"[3]。

迪尔凯姆十分重视道德教育。1902 年到 1903 年,他在巴黎大学曾开设过"道德教育论"课程,后来由弗果内整理出版。《道德教育论》是迪尔凯姆阐述其教育理论的代表作之一。他在谈到开设这门课程的目的时明确指出,这"不仅因为道德教育历来被教育学者看成是一个最重要

---

① E.Durkheim:Education et sociologie,P.U.F.Paris,1985.P.51.

② 同①,第 59 页。

③ 雷蒙·阿隆著:《社会学主要思潮》,葛智强等译,上海译文出版社,1988 年,第 415 页。

的问题,还因为道德教育问题在今天特别迫切需要予以解决。……现在要求教育者予以注意的莫过于道德教育问题"①。迪尔凯姆认为,每个社会大体都有符合自己需要的道德标准。他主张学校现实的道德教育,不是"以默启的宗教原理为基础,而仅仅以理性所承认的观念、情感和实践为基础的教育",即一个以科学为基础的"理性的道德教育"。他还进一步指出,法国现实社会的道德教育应当有自己追求的理想,应当有所创造,并帮助学生准备进行这些必要的创造。同时,"在道德理性化的过程中,使道德因为增加新的因素而比先前更加丰富"。②

阿兰(1868—1951,原名爱弥尔-奥古斯特·夏尔蒂埃)

哲学家,评论家,毕业于巴黎高等师范学校。起初在外省教书,后来转到巴黎的孔多塞中学、亨利四世中学等名牌中学教授哲学,成为法国新一代大多数哲学教师的导师。1906 年以后,他开始以阿兰为笔名为鲁昂的《快报》《自由论坛》《法兰西新观察》等报刊撰稿,写了许多有关文学、政治、美学、宗教和教育方面的评论文章。主要著作有《文学论丛》《政治论丛》《教育漫谈》《思想与时代》《心的冒险》等。1951 年 6 月,他在获得法国文学大奖不久,于巴黎南郊住地维齐内离开人世。

《教育漫谈》一书集中了阿兰论述有关教育的 83 篇文章,反映了阿兰对教育的诸多思考。一般认为,阿兰的教育思想同迪尔凯姆等人一样,属于法国传统教育学派。阿兰教育思想的哲学基础是理性主义,坚持要对经过自己头脑的任何思想进行推敲。他不赞成新教育学派的观点,不相信"什么儿童乐园,什么寓教育于娱乐之中等等发明"③,甚至要"对那寓教学于游戏的体系狠狠地踢它一脚"④。

① 张人杰主编:《国外教育社会学基本文选》,华东师范大学出版社,1991 年,第 389 页。

② 同①,第 396 页。

③ 《现代西方资产阶级教育思想流派论著选》,人民教育出版社,1982 年,第 243 页。

④ 任钟印主编:《世界教育名著通览》,湖北教育出版社,1994 年,第 1183 页。

阿兰指出，人要真正成其为人，要有所作为，就必须"靠最辛苦的陶冶"和"严格的方法"。非如此，"就终究愚昧无知"，就"永远不会有所成就"。

阿兰主张，教育的基本职能是传播文化，为儿童提供做人的楷模。他提出要让儿童从摇篮里就开始听贝多芬美妙的乐章，欣赏达·芬奇、米开朗琪罗和拉斐尔不朽的绘画，阅读拉封丹、拉辛和雨果等艺术巨匠们的传世之作。阿兰认为，"童年是个境界荒唐的时期"，只有通过学习，特别是向这些圣贤学习，才能让儿童"当理性无穷尽地开发人类一切财富"时，"打开那三重秘局下的所有宝藏，所有珍宝"，并"把自己提高到人的境界"。这就是教育的力量所在。

阿兰认为，人类文化遗产使人高于动物。因此，个人要有所发展，只有通过艰苦的努力；而学习的过程就是克服困难的过程，学习必须吃苦。阿兰指出，儿童最大的愿望是希望自己尽早地不做儿童，并"盼望有人从游戏中一把拉出他来"，这也"正是他意志的萌芽"。世上那些有成就的人，开始总是要"吃些苦头"的，不能让"儿童像尝蜜饯那样品尝科学和艺术的味道。人是靠辛苦的陶冶而成其为人的"。不过，阿兰并不完全排除人们在学习中能体会乐趣，而真正的乐趣只能是更高的境界。但是，乐趣是靠自己努力才能赢得的，而且越是更艰难的问题，给人的乐趣也就更强烈。

阿兰把学习的主要内容归结为学习几何和拉丁文，认为这两门课是两把启迪的钥匙：几何是打开自然的钥匙，拉丁文是世间人伦的钥匙。他认为几何"自始至终贯穿着最严密证明的科学"，没有一点必需的几何学观念的人，就会看不到外部世界的必然观念；而对于这种必然，人们"哪怕只瞥见一点点，也将是终身的光明"[1]。阿兰认为，通过学习拉丁文，就可以研究世界上伟大的著作，学习人类的一切诗篇。而"诗的力

---

[1] 《现代西方资产阶级教育主要流派论著选》，人民教育出版社，1982年，第243页。

量"就在于他能"按人类的普通范例陶冶我们。这对儿童,就是好"①。很明显,阿兰对于学习内容的看法正是基于他的理性主义观点。当然,这种观点也有失偏颇。阿兰所处的时代,正是法国和欧美社会的科学技术和经济的上升时期,知识发展迅速。为了适应这种发展,人们需要各方面的知识。而他提出"几何与诗,这就够了"的观点,显然不能满足人的发展和社会的需求。

波琳娜·凯尔果马(1838—1925)

法国第一位当选为国家公共教育最高委员会的女委员,1881 年至 1917 年任教育部幼儿学校总督学。作为法国不多见的女教育家,她对法国的幼儿教育做出了巨大贡献。

波琳娜·凯尔果马的父亲曾任初等教育督学。她年幼时母亲去世,少年时代在叔父家度过。叔父是位牧师,使她从小受到严格而具有自由倾向的新教教育影响。后来她进入一所世俗的私人学校接受师范教育,1856 年取得教育能力证书,开始在家乡波尔多担任家庭教师。1861 年她来到巴黎的姐姐家,继续教书。1863 年,波琳娜与一位共和派人士儒勒·迪普莱西-凯尔果马结婚。婚后,她曾为几家报馆写专栏文章,还开办过一所家庭学校,开设女子课程。1879 年,在比松的建议下,波琳娜先后参加了幼儿园园长和督学的资格考试,并获得成功。同年,被当时的教育部长费里任命为教育部幼儿园总督学代表。

第三共和国之前,法国没有正式的学前教育机构,幼儿教育只被当作一种慈善事业。18 世纪 70 年代出现了最早的幼儿教育机构,19 世纪 20 年代巴黎开办了儿童收容所。当时这些机构主要是用来看管母亲工作的年幼儿童。波琳娜任总督学代表时,对这些机构的状况提出了批评。她指出,这些机构从物质设备到日常生活安排,简直就像个"小兵营",儿童们在这里按军队建制编班,学习一些他们完全不懂的东西。

---

① 同①,第249页。

1881年,幼儿园正式改为幼儿学校。波琳娜·凯尔果马认为,幼儿学校不同于"看守儿童的场所",也不应该是一个"训练场所",它是一个对幼儿进行"启蒙培育的机构"。由于幼儿学校不是"一般意义上的学校",它的首要任务应是促进儿童身心的健康发育。在波琳娜的倡导下,1887年公共教育部颁布法令规定,凡居民在2000人以上的市镇应开办一所幼儿学校;1200人以下的居民区,可在小学附设幼儿班。波琳娜不主张将道德教育和智力教育摆在幼儿学校最重要的位置,而应该把幼儿的身体锻炼和健康发育列为首要任务。1886年至1895年,波琳娜在《儿童之友》上多次撰文,发表她对幼儿教育的观点。她指出,作出这样的教育选择,是为了使幼儿学校成为一个儿童的大家庭。幼儿学校的责任不在于要给儿童教授多少功课,而是要保护儿童的天性,让他们开展各种各样的游戏和活动,健康地成长。这对他们才是最重要的,同时也具有极大的教育意义。她还认为,幼儿学校应当负担起一种社会责任,即帮助困难家庭的孩子,以此同流浪和乞讨作斗争。在波琳娜的倡导下,创办了"法国救助儿童联盟"和"反对儿童乞讨协会"等救助团体,并开展了大量的工作。

罗歇·库齐内(1881—1973)

法国新教育运动的先驱,分组教学法创始人。1902年至1910年间,库齐内在巴黎大学度过了他一生中难忘的8年。这期间,他从事了一系列重要工作:准备初等教育督学资格考试,开始对比内的研究,同迪尔凯姆准备有关儿童社会生活的科学论文,研究杜威的教育思想,整理他在巴黎郊区一些学校实习5年里收集的观察报告,先后任《现代教育》杂志的编辑秘书和主编。这一期间,他还遇见了瑞士著名教育学家克拉帕雷德、费里埃以及比利时教育改革家德科里,撰写过有关他们的书籍。1908年,库齐内在哲学杂志上发表的《儿童的相互关联》一文影响很大,其知名度大为提高。主要著作有《分组自由学习方法》《新教育》《儿童的社会生活》《教师培训》等。

1910年至1940年,库齐内在几家教育杂志社相继担任主编,并先后在奥布、阿登等省担任初等教育督学。1920年,库齐内与几位志愿者教师提出了"分组自由学习方法",并围绕这一学习方法进行了近20年的教学实验。1945年,库齐内等人发表了关于分组教学法的实验报告。报告建议,7—12岁的学生可以自由组成活动小组,在由学校或教师提出的活动内容中进行选择。这些活动或是创意性的,如手工劳动、戏剧游戏、绘画、编辑故事或诗歌等;或是知识性的,如科学活动、地理、历史等。在活动过程中,教师可提出"游戏规则"。开展这些活动的目的在于使学生学习观察事物、查阅资料,并由小组成员共同讨论研究,然后提出共同看法。活动完成后,将结果交给教师评议。教师除鼓励学生学会观察和分析事物、勤于思考外,同时还要帮助学生改正错误,包括改正拼写错误,以及学生们自己没有发现的错误。库齐内想通过这种学习方法让儿童们逐步接触各个知识领域,如通过编辑工作,把语法和辞典作为工具,自由地加以使用,学会使用准确的语言,有效地学习法语。这种"多学科"的教学,往往能使儿童多方面发展。

1944年至1959年,库齐内一直在巴黎大学教授教育学和心理学。1964年,83岁高龄的库齐内还与人合作创办了《教育与发展》杂志,直到1973年去世。

法国新教育的一个基本原则,是想通过有关儿童的科学知识来阐述教育活动。主张新教育的学者们认为,要想儿童获得真正的知识,只有通过儿童自己亲身体验,并使之参加他们感兴趣的活动。库齐内的分组教学法正是基于这一思想。他指出,以往在课堂上,整个班级的群体生活都是由教师发号施令。然而,由于教学内容或教学方法等原因,学生对教师讲的那一套不感兴趣,因而使得"教师自己讲课的时间比他们用来制止学生讲话的时间还要少"[1]。库齐内主张的分组教学法就是调动

---

[1] Dictionnaire encyclopédique de l'éducation et de la formation, Ed. Nathan, Paris, 1994. P.210.

学生的积极性,让学生们自己动手,观察事物,收集资料,然后自己得出结论。总之,是要"让儿童自己干",让他们在创造性劳动和知识性劳动中获得知识。而教师的新作用就在于组织儿童的活动,营造一种使他们感兴趣的学习气氛,使自己成为儿童学习的"技术顾问"和"受儿童尊敬的人"。

塞勒斯坦·弗莱内(1896—1966)

新教育思想家,民众教育的积极倡导者和实践者。弗莱内出生在法国东南部的滨海省,学生时代在尼斯师范学校念书。1920年,弗莱内在滨海省的一座县城小学任教时,开始学习一些重要的教育论著,特别是瑞士教育家费里埃的教育理论。1924年,弗莱内参加了在瑞士召开的"国际新教育大会"。会议期间,他结识了一些知名的教育家,并从他们那里得到鼓励,促使他对教育改革进行认真的思考。弗莱内进行教育改革的另一个原因,是他在战争中中毒后带来的后遗症使他呼吸困难,往往要通过学生的一些活动来代替讲授。当然,弗莱内在教育方面创造性的工作,主要还是他"对教育问题和脑力劳动长期深入思考的结果"[1]。

弗莱内所主张的活动教学法,是根据儿童求知欲旺盛的特点,通过他们自己的创造精神和亲身体验来学习知识的一种学习方法。瑞士国际新教育大会后,弗莱内开始了他的教育改革实验。1926年,他在学校里尝试创办小报,编辑印刷教学资料,组织儿童自由习作、绘画,为儿童自由表达思想创造多种渠道。后来又逐步把电影、幻灯片、唱片用于教学,进一步调动学生们求知的欲望。弗莱内在进行教改实验的同时,发起组织了新教学法国际讨论会,每年就某种新的教学法开展研究和讨论。讨论会内容新颖,具有可操作性,吸引了许多国家教育理论工作者和教师。

---

[1] Dictionnaire encyclopédique de l'éducation et de la formation,Ed. Nathan, Paris, 1994.P.462.

由于弗莱内的教育改革实验遭到一些人的反对,1935年他离开了公立学校,来到旺斯县城附近一个小镇办起了一所私立小学,继续他的教学改革实验。在这里,弗莱内按照自己的设想,组织儿童自己动手写作,开展手工劳动,编辑出版小报,开办图书室,让每个儿童都有自己的活动天地和自由表达思想的场所。很快,这所乡间小学引起了人们的注意,到这里来参观的人络绎不绝,甚至成为人们思考教育改革的"圣地"。后来这里成立了"现代学校合作研究所",活动教学法的影响进一步扩大。时至今日,仍有不少的教育工作者研究弗莱内的教育思想和教学方法。到1966年弗莱内去世,他一直留在旺斯。其主要著作有《劳动教育》《现代教育学中的自然方法》《为了人民的学校》等。

雅克·马利坦(1882—1973)

哲学家、教育家,新托马斯主义的主要代表人物。马利坦出身于一个笃信新教的律师家庭,从小受到良好教育。他在亨利四世中学毕业后,进入巴黎大学学习。从这时到他踏入社会生活的最初一段时间里,马利坦的哲学思想和宗教信仰发生过几次重要转变。在巴黎大学读书期间,正值法国实证主义和唯物主义思潮盛行,这样使他从传统的理性哲学和神学转而相信科学对人类社会的巨大作用。不久,当他认为科学并不能产生那种巨大的作用时,又感到苦恼。这时,经人介绍,马利坦到法兰西学院听著名哲学家柏格森的哲学讲座,恢复了对形而上学的信心,认为人的价值和精神力量是伟大的,成为柏格森最得意的门生。但是当他仍然觉得没有真正寻找到自己孜孜以求的绝对主义的理智冲动时,又对生命哲学产生了动摇。最后,直到他从宗教中感到自己的理智欲望完全得到满足时,决意皈依天主教。经过几次反复,马利坦终于成为一位天主教哲学家,是新托马斯主义教育思想流派的主要代言人。

马利坦一生写下了60多部论著,其中大部分是哲学著作,如《柏格森哲学》(1914)、《艺术与经院哲学》(1920)、《精神的优先地位》(1927)、《哲学概论》(1930)、《完整的人道主义》(1936)、《经院哲学与政治》(1940)、

《道德哲学》(2 卷,1960—1962)等。《教育在十字路口》(1943)和《托马斯主义教育观》(1955)是马利坦的两部主要教育著作。此外,马利坦还举办过一些有关教育的专题演讲和讲座。1969 年出版的《人的教育——马利坦的教育哲学》,收集了他在教育方面的演讲稿。

《教育在十字路口》论述了人的本性和教育目的,教育的动力因素,教师的基本任务,教育的 3 个阶段以及自由教育等问题。这是马利坦在耶鲁大学的专题讲座,1943 年由该校出版社收集出版。

作为一个宗教思想家,马利坦对于教育的思考是以新托马斯主义者关于人性、知识、真理、价值的理论为其基础的。

马利坦认为,"教育的本性是以人的哲学为条件的"。因此。教育首先必须回答的是"人是什么?""人性是什么?"在他看来,人性观有两种,即科学的人性观和哲学—宗教的人性观。由于前者"可能抛弃任何本体论的内容",因而它无法从根本上认识人的本质,也就更谈不上指导对人的教育;后者虽然"没有可见的或有形的特征",但是由于它知道"人是什么","人性是什么",以及"教育所主要涉及的价值尺度是什么",这样就能够"用一种哲学和宗教的人性观来完全和完整地认识人",因而解决了"教育的先决条件"。至于教育的目的,马利坦认为,教育的首要目的应当是"培养人",塑造"有人性的人",要使"个人获得内在的和精神的自由",即"通过知识、智慧、良好的意志和爱获得解放"。其次,才是培养公民,即具有社会意义的人。

马利坦同意柏拉图关于动力因素的观点,认为"知识的必需和积极的要素确实存在于人的内部",也就是说教育的主要力量来自学生的内在因素,而教师外加的力量"只是次要的动力因素和一种辅助力量"。另一方面,如果"儿童可塑的易受影响的自由"得不到正确的帮助和引导,那么,儿童的"这种自由则会受到损害和误入歧途"。因此,儿童受教育的权利要求教育者对儿童具有道德的权威。可以看出,马利坦特别强调学习者自身的主体作用和内部动力因素。毫无疑问,这一观点抓住了教育过程中本质的东西,具有积极意义。不仅如此,马利坦同时又认为教育过程深受社会环境的影响,因此成年人对于青年人的责任,教师的重要任务就是"抑制坏的能量",并使"抑制不良倾向"和"启发鼓励"同时对儿童产生作用。

马利坦把对儿童的教育分成 3 个阶段,这就是:基础阶段(或初等阶段)、人文科学阶段(包括中等和大学本专科阶段)、高深教育(包括研究生院和高等专业学习),这种划分与儿童身心发展的 3 个阶段以及知识的 3 个领域相对应。马利坦特别强调,各个学习阶段的教学内容和传授的知识必须符合学生的身心发展,并使他们的思想能逐步成熟起来。

在基础教育阶段,儿童在身体上和心理上都与成人不同,"儿童不是一个小大人"。因此,传授给儿童的知识和成人不相同。在这一阶段,儿童的世界是想象的世界,他们大量的智力活动完全要受到想象的制约。因此,"传授给他们的知识必须是一种故事形式的知识,是对世界事物和价值观的一种想象式的理解"[①]。马利坦批评了那种试图把经过"节略和浓缩"后的成人观念灌输给儿童或青年的做法是"危险"的。因为这些知识是被人为压缩的和教条式的,它不适应青少年身心的发展,不能为他们所接受。否则,"不管教师作出任何努力,他的教学总有迷路的危险"[②]。马利坦认为只能对儿童灌输适合他们"心理环境和鼓舞人心"的美的东西,因为只有"美的事物、行为和观念才能把儿童导向理智和道德的生活"[③]。

马利坦把人文科学教育阶段看成是集中实施基本自由的阶段。因为,这是青年人向成年人过渡的阶段,他们的判断力和智力正在发展,但又尚未完全,所以教学目的主要是发展智力。按照马利坦对人文科学和自由艺术的理解,本阶段又要分为两段,学习内容各有不同。前一段 3 年(13—15 岁),主要学习语法、逻辑和语言、历史(民族史、人类史、文明史、

---

①②③任钟印主编:《世界教育名著通览》,湖北教育出版社,1994 年,第 1367 页。

科学史)、地理、天文、植物学、动物学等。后一段 4 年(16—19 岁),主要学习数学与诗歌、自然科学与艺术、哲学、伦理学与政治哲学等。就马利坦的设想,学习这些课程的主要目的只是让学生"领会科学与艺术的含意,理解科学或艺术所产生的真理或美","用科学或艺术的成就来发展自己的智力",而不是学习科学和艺术本身,更"不是参与科学家或诗人的活动"。也就是说,学生学习物理学为的是理解物理学的意义,而不是要当一名物理学家;同样,学习音乐是为了理解音乐的意义,并不一定要成为一名作曲家。因此,马利坦强调本阶段的学习应该"保持综合性和普遍性的特征",避免青少年的心智过早地被局限在一个狭窄的专业领域,这样不利于他们今后的发展。

在前两个阶段(基础阶段和人文科学教育阶段)学习的基础上,高深教育阶段的主要任务是发展人的理智成就,即在某一专门知识领域里所具有的特殊理智。马利坦认为,根据现代社会的发展,高等教育应当具有广泛的知识范围。作为"典型的现代大学,实际上应当包括所有的艺术和科学,甚至包括那些有关共同生活安排及人类心智在实际事物上的运用的艺术和科学"[①]。为此,马利坦提出,一所理想的大学应该开设四大类学科,并开办相应的四种学院:第一类为实用艺术和应用学科,如工程、管理、技术训练、工艺和手工、农业、金融、统计等;第二类为实践性学科,如医学、法学、经济学、政治学、教育学等;第三类为理论和艺术学科,如数学、化学、物理学、天文学、地理学、生物学、人类学、心理学、考古学、历史、古代和现代语言文学、哲学、音乐、美术等;第四类为理智学科,如形而上学、知识论、伦理哲学、社会与政治哲学、历史与文化哲学、神学、宗教史等。马利坦认为第三类学科是人类文明传统的巨大财富,应作为高等教育的主要内容。

---

① 转引自赵祥麟主编:《外国教育家评传》第 3 卷,上海教育出版社,1994 年,第 226 页。

尽管马利坦提出高等教育要发展人的特殊理智,但他仍然强调高等教育的普遍性原则,要求"一种深化了的自由教育和拓广了的普遍文化"相结合,以实现更高水平上的心智的发展。他还主张学生要参加实践,希望学生在整个青少年时代都要尽可能手脑并用。这种实践活动也应该成为现代教育的重要内容,而且,"在中学和大学的训练中,智育和手工劳动相结合的重要性也越来越被人们所认识"①。

作为宗教哲学家,马利坦同样重视道德教育和宗教教育。他指出,由于"当前的文明危机和战后世界的情况加于教育的特殊任务。这些任务是多方面的而且是严重的"。特别是"道德上再教育的任务确实是公众的一个非常紧迫的任务"②。两次世界大战以后,资本主义世界暴露出各种社会弊端和精神危机,需要进行"道德上的再教育"和对"宗教信仰的恢复"。马利坦指出,在道德教育中,首先应当注重对儿童的道德意识的培养,如爱与憎、良心、义务感、责任感等。他认为,"道德生活的基本障碍是利己主义,而道德生活的主要渴望是解放自己"③,唯有"爱"能够排除这一障碍。因此,马利坦将"爱"作为儿童道德教育最基本的内容,并指出学校对儿童进行的道德教育"在很大程度上要依靠教学的一般启示,特别是在学习古典文学和阅读伟大诗人和作家的作品中,要向青少年灌输珍贵的道德思想和人类的道德经验"④。马利坦也非常重视宗教教育的作用,认为宗教教育是道德经验的最高形式,进行宗教教育是十分必要的。家庭、学校和教会都可以对儿童进行宗教教育。他特别强调把宗教教育作为"中学和专科学校的任务",但又指出,宗教教育应该在学生和家长自愿的基础上进行。

应该说,马利坦主张在学校中进行道德和宗教教育,在现代西方物

① 任钟印主编:《世界教育名著通览》,湖北教育出版社,1994 年,第 1368 页。
② 《现代西方资产阶级教育思想流派论著选》,人民教育出版社,1982 年,第 276 页。
③ 同②,第 277 页。
④ 赵祥麟主编:《外国教育家评传》第 3 卷,上海教育出版社,1994 年,第 232 页。

质文明发达,而道德和精神生活相对贫乏的时代,是有一定针对性的。但是,要想克服资本主义社会生活中的种种弊端,完全排除这个社会的文明危机,单单依靠道德和宗教教育也是不可能的。马利坦自己也感到,虽然他所倡导的宗教教育打上了"世俗化",甚至"现代化"的标签,但要真正实施宗教教育也是不现实的。

路易·勒格朗(1921—)

勒格朗中学时代就热衷于社会活动,14岁参加的社会主义青年组织的活动对他后来投身于教育事业产生了重要的影响。当时,勒格朗负责研讨会,内容广泛,涉及新闻分析、经济问题、国际形势等等。同时,他还表现出对哲学的兴趣,经常同哲学界的朋友参加有关社会生活与设想的形而上学的讨论。学生时代的这些活动使勒格朗逐步树立起"世界是可以改变的"观念。一些年后,尽管当初的信仰有所改变,但是有关人、公民和探索者的念头却一直萦绕心间。

1939年,正值第二次世界大战期间,勒格朗高中毕业,开始了他的教书生涯。他在法国东部杜省的一个乡镇当上了一名小学代课教师。不久回到贝藏松,在一所高级小学任教,教授历史、地理、法语、商业德语,有时还教体育。正是在这种实践过程中,勒格朗把自己磨炼成一名教师,同时凭着他的哲学敏感,开始对儿童心理学和认识论方法论产生兴趣。这种兴趣促使他想得到进一步的提高。于是,他一边教书一边到贝藏松文学院进修哲学。这期间,他较早地了解了瑞士著名心理学家皮亚杰的研究工作对于儿童的学习心理具有重要的作用,并准备了一篇关于"解释"的学位论文。从后来发展的情况看,勒格朗当时选择的这一主题成了他以后从事这方面思考和研究的重要课题。

不久,勒格朗被调到贝藏松钟表技术学校担任文科辅助教师。二战结束后,勒格朗获得大学文科学士学位,到索恩省首府维祖勒中学任哲学教师。随着工作的改变,勒格朗对心理学的兴趣越来越强烈,于是决定参加初等教育督学资格考试。1949年资格考试通过后,他请求推迟对他的任命,因为他想继续准备参加教师资格考试。翌年,他获得了教师资格,当年被任命为阿尔萨斯地区的阿尔特吉茨省初等教育督学。在这里,勒格朗结识了弗莱内,并支持弗莱内推广他的活动教学法。也许是因为他俩的经历不同,勒格朗强调要以"智力为主",而弗莱内作为实践家,更看重以"感觉为主"。

5年后,勒格朗到格勒诺布尔师范学校任督学—教师,讲授"儿童心理教育学",同时在哲学家保尔·里格指导下开始撰写博士论文,以进一步完善他对教学法的思考。1958年,勒格朗的博士论文《解释教育学的哲学原则》答辩通过,1960年公开发表。这段时间里,勒格朗还发表了几部著作:《异端教育学》(1960)、《儒勒·费里学校事业中实证主义之影响》(1961)、《智力教育中的应用心理学》(1961)。

1962年,勒格朗被提升为学区督学。在创办学区督学机构的过程中,他有机会了解法国教育制度的管理系统。他曾看到有些教育管理人员因不懂得教学法,在作决定时不重视教学法的作用和影响。他希望能改变这种状况,亲自给贝藏松学校心理学顾问培训中心授课,特别是他参加了"鲁歇特委员会"的教改工作。该委员会是应国民教育部的要求,为改革法语教学而设立的。义务教育延长后,中学教育要面向更多的学生,这就要求改变以往那样的英才教育。这一工作与勒格朗10多年来的研究相吻合,所以当时教育部请他参加该组的工作。勒格朗负责制定新教学大纲中有关法语教学(口、笔头)的内容,起草工作十分出色。在最后呈报教育部的"鲁歇特报告"中,许多方面都体现了勒格朗的教育思想。后来在这个报告的指导下,法国小学开展了广泛的法语教学改革。

1966年,勒格朗出版了《小学法语教学》一书。书中将传统的教学方法与新的教学方法进行了对比,认为前者注重语法教学,学生虽然可以学到一些"漂亮的语言",但不能提高同他人语言交流的能力,而语言交流是现代社会人的一项重要能力。因此,勒格朗着重介绍了新的学习方法,强调应该注意改善儿童的表达能力,培养他们与人交往的语言能力。

该书出版后，很快成为小学督学研讨会和师范学校教学的重要参考书，影响很大。同年，勒格朗被任命为国家教育研究所研究主任。当时该研究所只有几个研究小组，缺乏科研力量，工作主要集中在学科教育方面，教学法的研究基本上未涉及。勒格朗上任后，经过一番努力，成立了专门的教学法研究机构，集中了一批研究人员和教师，对普通教学方法和学科特殊教学方法展开研究，同时也开展了对教育史、学生独立学习、教学评估等方面的研究。其目的是通过改革教学方法，提高教学效率，促进教育民主化的发展。

20世纪60年代中期到70年代后期，一种"实验中学"的改革在法国颇有影响。在勒格朗的倡导下，分别于1967—1975年和1977—1980年两个阶段在部分中学进行改革实验，以改善中等教育学校的功能。本来，这类学校应为全体儿童提供同样的学习机会，但实际上由于许多学科按学生的水平进行招生，而学生的水平往往与他们的社会背景相关，这样就不符合民主化的精神。在"实验中学"的教学过程中，根据学生的需要，实施"差别教学法"，一些学科按水平分组教学，加强个别辅导和帮助。实验中学的改革取得了一定的成绩，促进了20世纪80年代以后的中等教育改革。

社会党执政后，为了全面评估法国教育制度，有针对性地进行教育改革，1981年法国政府组织了10多个由专家教授组成的全国性专门委员会，通过调查，提出评估报告。勒格朗被任命为初中教育改革委员会负责人。1982年12月，勒格朗领导的委员会提交了《为了民主的初中》的研究报告，翌年公开发表。该报告集中反映了勒格朗多年来对教育的思考，主要内容有：政府应采取切实措施实现中等教育的民主化，学校要面向全体儿童，消除初中生过早地被淘汰所造成的学业失败现象；使学校成为"一个完整的生活场所"，在这里，学生不仅要受到普通教育，还必须让他们学会与人合作，发展其独立自主的能力，培养他们的公民责任感使其满足社会的需要。为此，报告建议，建立新的教学体制，对法语、数学、现代外语这3门课程实行分组教学；实行均衡的课程内容和教学时间，安排和谐的教育活动；保证每个学生学业成功；建立导师制，使教师在教学与教育方面对学生全面负责等。勒格朗在报告中提出的建议多被采纳推广，报告的指导思想对政府制定初中教育改革方案起到了重要影响作用，被视为20世纪80年代法国初中教育改革的蓝本。

第二章　法国的教育制度与管理

第一节　教育制度

(一)国民教育的基本原则

免费、世俗、自由、义务是法国国民教育制度的基本原则,它们的确立经历了很长的时间。

1.免费

免费原则的历史渊源最长,有人说可以追溯到柏拉图,至少在中世纪已有少量实践,16—17世纪形成了一定规模并得到国王的承认。但是人们普遍认为,从总体上讲,旧制时期当权者对民众教育是冷漠的,免费原则的系统提出和广泛实施是19世纪的事。

大革命对确立免费原则起到了决定性作用。从1791年起,塔列朗、孔多塞、勒佩勒提埃、布吉埃、拉卡纳尔、多努等人提出的一系列法案或计划,都以不同形式,从不同侧面强调或确认了这一原则。在此后的大半个世纪中,第一帝国只重视中等教育,复辟王朝和七月王朝亦无重大进展。直到第二帝国,才在迪律依的推动下,于1867年颁布法律,规定市镇可从省和国家得到资助,兴办免费小学。1861年,免费涉及38%的小学生,1870年为50%,但普法战争延缓了免费学校的发展。

第三共和国在共和派真正掌权后开始全面实施免费教育。1879年,费里就任第三共和国教育部长,法国的经济形势明显好转,免费制度在政治和思想方面的阻力也大大减弱。1881年6月16日,法国颁布法律,确定了免费教育的原则。该法第一条指出,公立小学和幼儿园不再收费,师范学校食宿免费。之后,免费的规定又扩大到高级小学(即一种面向社会下层的小学戴帽式初中)和高等师范学校。学校是公立服务机构的思想于是确立,初等教育在 19 世纪末基本普及。

随着教育普及程度的提高,中等教育免费的问题逐步提到日程上来。1928—1933 年,法国多次颁布法律,中等教育也实行免费。第二次世界大战之后,法国政府在教育方面采取的首批措施之一,就是恢复战时被维希傀儡政权废除的中学免费制度。

法国的免费制度还延伸到高等教育,容纳了大约 95% 高校学生的公立高等学校不收学费,每学年只收取相当法定最低月工资 1/10 左右的注册费。

为了帮助家庭经济困难的学生就学,法国分别在初中和高中及高校实行就学补助和助学金制度,其享受者约占这些学校学生总数的 26%—28%。

2.世俗

一千多年前,教会便控制了法国的学校,实施宗教教育。文艺复兴时期,人文主义者开始强调人的教育,18 世纪的启蒙思想家提出了将教育置于世俗权力之下的主张,大革命实现了国家对中等和高等教育的控制。但是,当权者或坚持初等教育的宗教性,或企图以此为己服务,或放任自流,使它的世俗性到 19 世纪末才与免费原则同时得以落实。

1879 年 3 月 15 日,费里第一次在一项法律草案中提出,禁止未经批准的任何宗教组织兴办教育,共和国政府与教会争夺教育领导权的长期斗争从此全面展开。终于,1886 年 10 月 30 日的一项法律明确规定,各类公立学校只能由世俗人员任教,并限期 5 年完成教师的调换。随后,法国又于 1901 年、1904 年和 1905 年先后颁布法律,取消宗教教育组织,实现政教分离,最终完成了公立教育的世俗化,并规定教育应中立于任何宗教、哲学和政治。

3.自由

尽管不同时期,不同的人对教育自由有不同的解释,大部分人还是有着基本的共识:保证教育不被一个机构或组织所垄断,家长有选择学校的权利;它的保障是所有人都有任教自由,唯一条件是通过平等竞争得到证明其能力的证书。

自由的原则是大革命时针对教会对教育的垄断提出来的。在以后的执行过程中,它成为国家和私人,特别是反对教会垄断教育的最有力武器。第一帝国从总体上建立了国家对教育的垄断,后来的当权者虽然向教会作了一些让步,但基本保持了这一格局。1850年发生了反复,是年颁布的《法鲁法宗》重新给予教会极大权力,试图将教育再次置于它几乎绝对的统治之下,教育自由出现了大倒退。直至19世纪60年代后期,随着政权自由化色彩的加强,特别是70年代末到80年代初第三共和国大规模教育改革的实施,教育自由的原则才得以牢固确立。

第二次世界大战之后与一个世纪以前相比,公立(世俗)学校和私立(教会)学校的主次地位发生了根本的颠倒。教育自由的含义虽然没有发生变化,但它的实际作用却由保护非教会学校发展到保护处于少数地位的以教会学校为主的非公立学校。法国先后于1951年和1959年多次颁布法律,规定国家对私立教育的支持。这包括私立学校学生有权享受国家助学金,国家设专门款项资助私立学校,向与之签订联合办学合同的私立学校提供经费,私立学校教师可享受与公立学校教师相同的待遇等。目前,法国81%的中小学为公立和世俗,它们接纳了84%的学生;高等教育阶段进私立学校者不足5%;绝大部分私立学校为教会所办。

虽然二者在绝对数量上相差悬殊,但教育自由的原则深入人心,围绕着它进行的斗争远未结束,有时还相当激烈,成为一个带有明显政治色彩、不好回避,又相当棘手的问题。当然,高等教育机构从成立之初起就有相对的独立性和自主权,斗争主要涉及中小学。比如,20世纪80年代初,社会党政府曾想只允许与国家签订联合办学合同的私立学校存在,以实现它的"公立大教育"计划;大约10年后,右派政府试图修改法律,扩大地方政府对私立教育的资助。结果,都招致对方的反对,游行示威者数以百万计,方案最终撤销,甚至在1984年造成政府辞职,总理下台的局面。

4.义务

义务教育的原则与免费教育结伴而行,它的确立也经历了很长的过程,有人一直上溯到斯巴达时期。但是,17—18世纪的某些强迫教育法令产生的背景是天主教与新教之争,狄德罗等启蒙思想家的呼吁没有能够落实。大革命时期的一系列计划和法令都提到强迫教育问题,但拿破仑把十分重要的初等教育权留给了教会,其后的几个朝代又多有反复,到了第三共和国的时候,义务教育的原则才得以确立。

1877年共和派在选举中获得多数,1879年费里就任教育部长。但是,强迫教育需以教育的世俗化为前提,这一原则两年后才被政府接受。1882年3月28日的法律明确规定,年满6岁至13岁男女儿童必须接受小学教育,各市镇建立专门委员会监督这一原则的落实,本人生病、家中有人患传染病、遇有家庭重要集会、就学临时遇到障碍是可以缺席的合法原因,罚款、拘禁是对违反规定的家长的处罚。10年后,一项法律禁止企业雇佣处在义务教育年限内的儿童,使强迫的原则更为完善。由于小学教育的普及率在此之前已经比较高,所以义务教育制度的确立对学生数量的影响不是很大。它的主要意义在于,提高了教育和学校的社会地位,使之物质条件得到法律保证,促进了全国教育发展的平衡。为了适应教育的发展和社会对教育的需求,法国又分别于1936年和1959年把义务教育的结束时间推迟到14岁和16岁。

(二)国家垄断与地方参与

1.中央集权

从16世纪开始,法国的王权逐步加强。到路易十四时期(17世纪后半叶至 18 世纪初），一个庞大、完整的中央集权政体已具雏形。1789 年的大革命加强了这一趋势，而拿破仑的执政和第一帝国的建立使这一政体最终形成。

法国的教育制度和它的政治制度相匹配，中央集权也形成于第一帝国时期。

大革命时期提出的众多教育改革计划最后得以落实者甚微，影响比较大的有：关闭全国所有大学，建立大学校实施高等教育，建立中心学校负责中等教育等决定。

拿破仑上台后最关注的大事之一，就是组建国家机器。在担任首席执政官时，他于 1802 年 5 月 1 日促成了一项法律的通过，提出了分小学、市立或私立中学、国立中学和专门学校 3 级实施普通教育的构想。但拿破仑的主要意图是建立一个高度集权化和等级化的组织机构，培养一批忠于他的精英，对上述法律未能落实并不十分在意。第一帝国建立后，他于 1806 年 5 月 10 日推出了一项影响更为深远的法律，建立了负责全国教育的机构——"帝国大学"。1808 年 3 月 17 日的一项法令使国家的教育体制具体化：全国公立教育完全交由帝国大学实施，任何不是毕业于和不属于该大学者不得开办学校和任教；全国分成与上诉法院数量相等的学区（当时为 29 个），管理各地的学院、国立中学、市立中学、小学及其他教育机构；帝国大学所属各级各类学校均以天主教教义为基础，忠于皇帝和帝国，服从有关规章；大学总长由皇帝任命，他批准办学和任教申请，任命校长和教师，授予文凭，提出规章制度草案。法令还规定国立中学和市立中学开设师范班，首开公立中等师范教育之先河。以上两个法律文件继承了大革命的衣钵，从根本上割断了与旧制度的联系，建立了全新的国民教育体系，统一了国家教育制度，宣告中央集权的法国近代教育体制形成。在此后至今将近两个世纪的时间里，法国教育体制虽多有调整，但基本原则变化不大，其核心一直是中央垄断着规定学制、制订大纲、开设考试、授予文凭、开办和关闭学校、培训和招聘教师的权力，向学校提供其所需大部分经费,成为有别于多数发达国家的一个明显特色。

2.地方参与

与中央集权相匹配的另一个特点是地方参与对教育的管理。这一方面来自长久的传统:小学自始至终与基层行政单位——市镇基本成为一体,初中(其前身为市立中学)和高中(由原国立中学演变而成)一直主要分别由省和学区管理,而职业技术教育机构又素与颇具经济职能的地区联系密切;一方面也由于分权放权政策的广泛推行。

中央集权的教育体制虽有长处,但也有明显的缺点,它容易使人心态保守,管理僵化,文牍主义、官僚主义盛行,地方和学校缺乏积极性,而且实际上也做不到事先设想的那样高度集中统一。法国经过了漫长的分权放权过程,地方和基层的关系有所协调,但并没有从根本上解决问题。国内外正反两方面的经验使更多的法国人达成了共识:分权放权要有一个系统的政策,使各个方面有机结合,适应时代要求,为此,必须克服来自法律、制度、传统、社会、心理诸方面的障碍。

重要的改革始于1983年。为了调整不同层次教育行政部门的职能,加强市镇、省、地区等非传统教育行政部门对教育的介入。法国议会于是年7月22日通过了83—663号法。法律规定,各省和学区都设国民教育委员会,由国家或地方政府代表主持,成员包括所属各级行政部门代表、教育工作者代表和学生代表。根据国家代表的意见,各级委员会决定学校的开设、位置及相关投资。市镇一级面向幼儿学校和小学,省级面向初中,地区面向高中和特教等机构,国家负责教育教学人员的配置。高等学校的开设和布点由国家在征求所在地政府部门的意见后决定,地区可据此作出相关发展计划。初中、高中、特教机构均为地方公立机构,其行政委员会由地方政府代表、学校工作人员代表和家长代表组成,3类人各占1/3。校长由国家任命,代表国家。各学校根据统一的原则和大纲制定自己的预算和工作计划,经学区和主管政府部门双重批准后执行。市镇为幼儿学校和小学房产的所有者,负责其建设、修缮、扩展、装备、维护和运转,初中和高中房产的有关事宜分别由省和地区负责,国家只提供教学所需费用及教师工资。为此,过去由国家预算直接下达给初中和高中的经费改列在省和地区名下,由它们掌握。经学校同意,各级行政长官可更改学校作息时间,在学校组织课外教育、体育、文化活动,但这些活动应是自愿参加,且不得取代或影响正课。职业技术教育和学徒培训改由地区牵头,协调省、市镇、行会、职业团体共同组织。该法颁布以后,法国政府又公布了一系列配套法规,落实分权放权政策。1983年以后,法国教育管理体制变化的主线是,中央在人事和教学方面的部分权力陆续逐级下放给学区长、学区督学、校长这3级教育行政领导人,使他们有职有权,便于主动地、创造性地组织教学,很多地方和学校开展了有意义的教育实验并取得了一定成果;中央在行政和财务方面的部分权力陆续分散到地区、省和市镇3级地方行政部门,特别是主要职能一直集中于经济领域的地区,以调动它们的积极性,扩大学校经费来源,推动教育为地方发展服务,这尤以职业技术教育、学徒培训和高等教育更为突出;中央加强宏观调控,其主要措施之一是加强和改善教育评估工作。

(三)学制与文凭

法国学前教育不属义务教育范畴,由幼儿学校实施,接收2—5岁儿童。小学学制5年,与幼儿学校衔接紧密。初中学制4年,少数学生后两年接受职业教育的准备。高中学制3年,第一年是义务教育的最后一年,后两年实行分科教育,为不同的出路和兴趣作准备。高中毕业时设会考,其文凭既是毕业证书,又是上大学的许可证。高等教育机构分为大学、大学校和短期高教机构三大类,按三个阶段组织,前两个阶段的学制各为2年,第三阶段的学习时间因人、因准备的文凭和证书而异,可为1—5年,甚至更长时间。除生源已满或没有所需专业外,各级各类学校均实行就近入学的原则,它们颁发的主要文凭和证书全国统一,全国适用。

第二节　教育管理

　　法国普通教育和高等教育的管理既有许多共同之处,也有不少重要的区别。

(一)立法与实施

　　从公元 5—7 世纪开始,基督教控制了法国的学校和教育,使之从分散向有法可依过渡。这时的"法"是教皇、教区、乃至教堂的规定,分别具有跨国性、全国性和地区性。从 16 世纪开始,国王对教育的干预增加,"国家"概念对教育的影响扩大。但是,这只是法国教育立法的"史前"阶段,国家教育立法的真正开端,是 1789 年的资产阶级大革命。从那时到第二次世界大战,可算作法国教育立法的第一阶段,即初步立法。经过100 多年的逐步发展,无论是关于国家整个教育的组织,关于某级某类教育,还是关于某个具体问题,基本上都可以找到相应的法律文件作为依据。第二次世界大战结束至今,可算作法国教育立法的第二大阶段,即逐步完善。从立法的内容上看,比过去更加完备、科学、系统。从立法的时机和目的上看,由过去的以建立制度为主过渡到以调整和改革为主。但是,无论过去还是现在,法国在教育立法方面与其他许多国家有几个最重要的区别:不设根本大法,即人们所说的教育基本法,将教育自由、平等、免费、世俗等原则载入宪法,用教育方面的法律规范某一时期、某一阶段或类型的教育,推行教育改革,甚至处理更为具体的问题;经济界的影响相对较小,也不那么直接,左右立法时机与内容的主要是政界基本势均力敌的左右两派之争,尤其是执政一方的好恶,其中教育部长的作用举足轻重;通过国民议会和参议院这一技术性两院制的中央立法机构为全国教育立法,地区和省级议会无权为教育立法。

　　在法国,教育和其他领域一样,由不同的部门,以不同的名义,发布不同的法规,处理不同的问题,形成了一套比较完整的体系。最权威的法律文件称"法",带有普遍意义和强制性,由议会通过、总统颁布执行,规定有关重大原则。法的草案都是在需要进行重大决策或变革的时候提出来的。有的是经长期酝酿，条件基本齐备；有的是遇到政府更迭，需提出新的政策；有的则是在重大事件发生之后，用来满足社会需求，稳定局势，恢复秩序。法只规定主要原则，不能过细，所以需由其他法规加以补充和配合。在法国，后者主要有以下几种，其权威性依次递减，具体性依次递增：规定，由总统或政府颁布，效用相当于法，但有一定的有效期，近年来所见不多；法令由，内阁通过，总统或总理签署，涉及较为具体又相当重要的问题，既是对法的最重要的补充，也是对法的执行过程必不可少的保证；决定，行政部门根据法的原则颁布，一般由部长签署，用以落实重大决策；通知和工作说明，为有关职能部门负责人（司长、局长）签发的文件。所有这些法规都从公布之日起生效，但立法部门有权检查它们是否有悖于宪法和其他法律条文。为了使各项法规家喻户晓，便于贯彻，法国出版《国民教育部公报》，每周一期，发到基层并公开征订。法国还注意教育立法的连续性，编有《法规汇编》。这部越来越厚的汇编，既是法国教育发展历史的记录，又是当前体制的梗概，也是今后趋势的起源。

法国教育立法的应用范围主要是教育部属各级各类教育机构，隶属政府其他部门的学校主要由行政法院和各主管部门的专门法规（主要是法令）来管理。法国教育立法的实施是通过一系列的环节加以保证的。首先是配套。即由法阐明基本原则和重大措施，由其他法规制定具体措施和细节加以落实和补充。一个法颁布后，至少有数十个其他法规为它的实施服务。当然，法以外的法规不光有这一种职能，它们还针对日常工作中的具体问题和常规问题制定和颁布。其次是监督。对教育立法实施监督的有两个系统，一个是下面将要涉及到的督导系统，另一个是有关行政部门，比如教育部、财政部、公职部、行政法院等。由于这些部门所处的中央行政领导地位，它们监督作用的影响比督导部门似乎更大。当发现有悖于国家法规的行为时，它们有权中止有关决定的执行并

加以仲裁。再者是仲裁。它大体分为 3 个层次:教育系统内部的一般性
问题,由上一级行政领导人仲裁。最高为教育部长;对有关人员的行政
处分,由国民教育最高委员会里的专门委员会仲裁;如果涉及到重大问
题,尤其是对政府或部长的决定及教育法规方面的上诉,则由行政法院
仲裁。还有一个环节是下面将要谈到的协商,有关机构对立法及其实施
起着重要作用。最后是评估。这包括常设的督导部门、临时性的专题评
估委员会及负责高等教育评估的国家评估委员会。它们以不同形式,从
不同角度,通过评估立法的科学性和实施情况,提出意见和建议,促进立
法的实施。

在高等教育领域,国家的"高等教育法"并不能真正覆盖国家整个高
等教育。1968 年的"高等教育法"几乎就是一部大学法,对大学以外的高
等教育机构很少提及;1984 年的"高等教育法"明确规定适用于高中后各
级各类教育,但充其量也只能扩大到教育部管辖的一些大学校(而且规
定也不如大学具体,还允许有诸多的变通),对为数众多、影响颇大的其
他部门兴办的或私立的大学校没有多少权威。

(二)三个层次上的行政和协商机构

法国教育的管理由行政、督导、协商 3 个系统在中央、学区、省 3 个层
次上实施。鉴于督导系统的特点和相对的独立性,本章第三节将专门论
述。此处只涉及行政和协商两个系统的 3 个层次,它们集中地表现在普
通教育阶段。

1.中央

自拿破仑建立"帝国大学"以来,法国中央设教育行政机构已近两个
世纪。其间,这一机构几经变化,在名称方面它先后称作帝国大学、公共
教育部、国民教育部;在权限方面,它长期以教育、信仰、艺术为职能范
围,从 20 世纪 40 年代起又加上了青年和体育运动工作;在领导关系方
面,由属内政部长领导变成内阁的一个部;在内部结构方面,由设分管教
育、体育、文艺、博物等领域的"总司",总司下面再设司局,到突出高等教

育(设总司或国务秘书处),到普教、高教、职教分成 3 个部,再到合三为一。1988 年社会党再次执政后,该部称"国民教育、科学研究和体育运动部",部长为国务部长,由社会党前总书记若斯潘担任,下设一个负责科学研究的部长级代表和两个分别负责技术教育和体育运动的国务秘书。此后,这一结构基本延续下来。

目前,法国教育部主要由 3 部分组成:研究、评估、督导机构为"参谋"部门,各级各类教育司为"执行"部门,人事、财务等司为"辅助"部门。主要职能部门有办公厅、高等教育司、高等教育人事司、科研与博士教育司、中学司、学校司(即初等教育司)、教学人员司、行政与服务人员司、评估与预测司、总务与国际合作司、财务与管理检查司、督学与校长司、信息与交流司等。此外,还有国家教育研究所、资格研究中心、国家教育资料中心等直属机构。法国政府和部长更迭频繁,教育部机构时有调整,但以上基本格局变化不大。法国中央教育行政部门的根本任务,是确定方针和制度,进行统一的领导和管理,即确定整个国民教育及其各个组成部分的结构、文凭、学制、专业、课程、布局,明确国家的教育发展战略,根据国内外和教育内外的形势发展调整有关政策和制度,组织和检查所有这些原则的落实。从理论上讲,教育的管理应当以宪法和有关法律为依据,重大决策需由议会作出。实际上,作为执行部门的政府,特别是教育部,不仅执行法律,而且在制定方针政策方面也起着重要作用。因为法律越具体就越有约束力,所以中央政府的决策,更多的是以内阁会议、部际协调委员会和各职能部门为核心,通过不同层次和形式的法规与政令下达。教育部作为整个国民教育最主要的职能部门,一方面制定方针政策,使之成为法律或政令;一方面制定实施细则,组织落实和处理日常工作。当有特殊需要时,各职能部门负责人,特别是教育部长,往往就有关问题直接发表口头或书面文件(信件、声明等),或委托他人撰写报告,向全国通报信息和意向。这些"非正规"的途径,也是中央教育行政部门实施管理的一种重要形式。

中央一级的教育行政部门的多种职能可以大致概括如下。

预测和规划　这方面的工作又可以进一步具体化为以下几个方面：根据国内外形势的发展，通过调查研究，提出中期或长期发展战略并使之成为法律，如1989年起草阐明法国到20世纪末教育发展中期战略的《教育方针法》；根据学校和地方的需求与全国发展的必要，提出国民教育总预算和分项目预算；根据经费情况、社会要求和发展的需要确定招生政策，调整不同类型或专业教育的招生比例，与有关部门共同决定限额招生的学校（如大学技术学院）和专业（如大学医学专业）的名额；根据经费情况和教育发展与改革的需要，会同公职部，确定国民教育系统各级各类正式工作人员的编制和招聘数量；根据有关规定、社会需求和现有条件，调整学校布局，决定各级各类学校的开设和关闭；定期审定中等职业技术教育和高等教育的专业设置，根据需要和可能决定专业的开设、取消、合并或调整，审批学校的有关申请。

教学和认可　这方面的工作首先是确立根本制度，这包括各级各类学校的名称、学制、内部结构与管理原则、招生和升留级办法、同一层次上不同类型和方向的教育之间的转换方式、不同阶段和学校结业时授予的文凭或学位的名称与授予原则、毕业生的出路（相当于6级职业系列中的哪一级，由国家分配工作还是自谋出路等）。其次，是制订和调整教学大纲。法国的学前教育没有详细的教学大纲，职业技术教育的专门化比较强，高等教育的教学大纲由各学校、专业、乃至任课教师自己制订，但教育部为以上3类教育也制定了全国统一的教学原则和基本要求，由各学校根据自己的情况参照执行。统一性最强的是中小学，它们的所有教学大纲、周课时和学年课时，则都由教育部统一制定并大约5—7年修订一次。然后是组织某些学校的招生，这主要涉及师范学校和教育部属大学校。教育部每年确定这两类学校的招生人数以及考试的时间、地点和范围，并为师范学校（现为师范学院）制定全国统一的考试和评分详细办法。再者，就是组织国民教育系统工作人员的招聘。从学前教师到大学教授,从方向指导顾问到总督学,国民教育系统所有正式工作人员的招聘数量、原则、考试内容及方法,都由教育部统一确定,并负责对候选人进行最后的审查和任命。

总务和财务 这方面的工作相当繁杂,大多也集中在中央,最主要的有 3 个方面,首先是分配经费。办公经费一般根据学生人数(高等学校还要根据开课时数)下达,高等学校还有科研经费。教育经费的大部分用于工作人员工资,由国家制定统一标准和晋级原则。其次是购置设备和修建校舍。为了添置或更新教学仪器设备,教育部设有专款,根据学校需要和全国的统一计划及工作重点下达。高等学校的房屋建设和维修,亦由国家负责。第三是管理学生生活。法国有相当一部分大中学生领取国家助学金,他们约占学生总数的 1/4。此外,高等学校的学生还可以领取专项奖学金、科研津贴、荣誉贷款等。这些资助大多来自国家,由发放部门(主要是教育部)确定统一的标准和数额。法国教育部内还设全国大学与学校事务中心,负责管理全国的大学生公寓和食堂以及部分文体活动。

改革与实验 法国人向来喜欢谈论改革,也进行了不少改革,从整体上看,绝大部分改革,尤其是重大改革,都是由中央发起的。绝大部分改革的法律草案都是中央行政部门直接或间接提出来的。纵观法国教育的历史,尤其是近 200 年的大变动、大发展的历史,可以看出,经常研究和发现问题,不断提出实验和改革方案并加以推行,是法国中央教育行政部门的一项非常重要的职能。

督导与评估 对普通教育行政和教学工作的督导虽有另一个系统负责,但由于总督导局设在教育部内,且行政部门兼有这一职能,故此处必须提及。对高等教育而言,由于传统的自主权,法国的高等学校,特别是大学,除财务工作之外,原则上不接受教育部的督导。1968 年以前,法国大学实行讲座制,对本讲座教学的评估由主持该讲座的教授负责。1968 年以后,讲座被取消,高等教育的评估一度成为空白。进入 20 世纪

80年代以后,各方面都意识到这个问题的重要,开始加强有关工作。1984年,总统任命的国家评估委员会成立,开始逐个评估大学和部分大学校。1989年,第一届委员会任满后,法国总统又任命了第二届委员会,其人员增加,职权扩大,经费也比过去多,表现出政府加强这一工作的意图。

协商机构构成了法国教育管理方面的另一个系统。它们为数很多,在中央一级尤甚,兼审议与咨询功能于一身。其中,地位最重要、影响最大的是国民教育最高委员会。它随帝国大学的建立而设,名称及组成几经变化。目前,它由教育部和政府各部代表、家长和学生团体代表、教师代表共80人组成,教育部长任主席。要想在教育方面作出任何重大决策,都必须事先征求该委员会的意见,后者亦可主动提出建议。此外,还有涉及不同阶段或领域的其他许多协商机构。其中影响比较大的有普通与技术教育委员会、全国高等教育与科学研究委员会、大学校长联席会等。第三类协商机构称作双边行政委员会和双边技术委员会。它们于1959年出现,目的是保护国家公职人员的利益。前者涉及人员管理问题,后者涉及学校和办事机构的组织与运行。它们都由行政部门和某类有关人员按对等的数目组成,共同研讨有关问题。

2.学区

又译作大学区,自1806年决定设置以后,其数量几经变化。目前,本土的26个学区有19个与所在地区地理范围相同,另7个学区的地理范围分属余下的3个地区。

初设时,学区还不能真正算作一个行政管理层次,人员和机构都不完善,学区长只是作为教育部长的代表,在中央和省之间进行传达和协调。随着教育管理体制方面中央集权的加强,作为中央代表的学区长的职权不断扩大,权威不断增加。特别是1896年各学区的文、理、法、医、神5所学院重新组合成为大学,学区长同时任本学区大学的校长,学区的地位空前提高。到了20世纪60年代,中央逐步把具体管理中等教育的权力下放给了学区。1968年的高等教育改革后,学区长不再担任大学校长,学区的主要工作集中在中等教育方面。从此,学区长由一种终身职业变成了一种工作,可以随时调动,其主要职能也由上下传达的沟通变成了真正的管理。

国家没有对学区长作专门规定,有关事宜皆按约定俗成的常规处理。学区长虽然都是大学教授,但作为总统任命的本学区各级各类教育的总管,他的主要职能在行政方面,是领导、管理和检查。这包括:代表部长,执行其决定;向上下通报信息,提出意见和建议;在授权领域作出决定,实施组织领导;活跃学校生活;领导学校的信息和方向指导工作;组织继续教育和终身教育;管理学校,特别是学校的人事和财务工作;对学校及其中的所有公职人员进行监督检查,执行纪律;主持有关代表大会和委员会;协调本学区的高等教育。

国家对学区的组织结构没有统一要求,各学区在组织方面的差异,既与它们的历史和环境有关,也取决于学区长的指导思想。一般讲,学区一级的机构主要包括服务和运行两大类。前者分别负责统计、信息、资料、接待、后勤、培训等工作,后者分别负责高等教育(仅限于监督和协调,特别是在财务方面)、中等教育、学校生活、继续教育、学徒培训、考试、私立教育、人事、财务等工作。与此相应的是,有一整套人员,在行政方面协助学区长工作,在技术方面充当他的顾问。如办公室主任、秘书长,以及技术教育、方向指导、设备、继续教育、青年体育、学校卫生等方面的专职官员。

学区也设有协商机构。最重要的便是从第一帝国起就存在的学区委员会。委员会由学区长任主席,成员包括学区所辖各省的学区督学、本学区大学的校长、本学区大学教师选出的代表、中学校长代表、不同专业不同职称教师选出的代表、部长任命的省市议会的代表、学区长任命的私立学校代表。委员会在学区的作用,有如国民教育最高委员会在中央。另外,中央一级的其他协商机构在学区也大多都有自己的建制。

3.省

自大革命时期决定把全国分成若干省以后,法国省份的数量基本上一直在增加。目前,它的本土分成 96 个省,海外有 4 个省。在这个层次上,地方行政和教育行政不再是"两张皮",它们合二为一。

省长作为中央政府的代表,领导本省各个部门的工作,定期向有关部长报告情况。教育属省长当然的职能范围,理论上由省长领导。但是,各省教育的实际领导人是学区督学。

学区督学这一职务初设于 1808 年帝国大学建立之时,原为学区长的副手。1854 年的一项法律规定每省设立一名学区督学,在私立教育方面代行学区长的职能,在学区长的指挥下领导中学的行政工作并在省长指挥下领导初等教育。1947 年 2 月 28 日的一项法令明确规定,学区督学是各省教育部门的负责人。从此,这一职称的任务更加明确,它受学区长和省长双重领导的地位也再一次得到肯定。可以为学区督学下这样的定义:原为一般意义的督学,后来(直到今天)演变为各省的教育局长,但保留着原来的名称。

由于初等教育传统上一直属地方管理,所以学区督学的主要职能在这方面。他决定学校及班级的开设和关闭,分配教师名额,管理校长和教师的任命、调动、晋升、考勤,并有权对他们实行纪律处分,从教育教学角度审查学校的修建计划,预审学校卫生、校车、市镇资助、设施维修、学校基金等财务总务问题,任命省级考试委员会和审查试题,全面领导本省的师范学校。作为本省初等教育委员会副主席,他还要准备会议文件和年度报告。

二战后,特别是近 20 年来,学区督学在中等教育方面的职能逐步扩大。这在初中教育和监督、建议方面尤为突出。他还负责检查私立学校的工作并与之签订联合办学合同。另外,虽然省长和省议会在校车、职业技术教育、私立教育、校舍维修、设备添置等方面具有相当大的权力,但学区督学在各省教育管理中的关键作用十分明显,即使是上述领域的决定也必须有他们的参与方可作出。

学区督学在各省的地位有如学区长在学区。在他们领导下,有一整套与中央和学区相匹配的办事、总务、顾问、执行机构和人员。

和中央、学区两级一样,各省也有多种教育协商机构,分别涉及人事、助学金、方向指导、特殊教育、社会事务、设备、校车、职业教育与社会晋升、不动产与建筑等领域。它们或者由学区督学主持,或者由省长主持,研究决定有关事宜。这里面最重要的应首推省初等教育委员会。它于1886年设立,省长和学区督学分别任正、副主席。委员会监督教学大纲的执行和学校的卫生工作,讨论本省初等教育的组织(数量、性质、布局……),对各省初等教育的政策和实际发展具有全面影响。

4.地区

至此,中央、学区和省3个层次已全部谈及。但除它们之外,还有一级机构不应该被忽略,它对法国教育起着越来越重要的作用,那就是地区。

提倡地区化的地区主义产生于大革命期间,经过多年的酝酿、宣传和抗争,1919年法国出现了在商会基础上联合起来的首批地区性经济组织,这便是地区的前身。经过不断的调整和发展,地区一级在二战后真正具有了行政、经济和社会方面的职能,并于20世纪50—60年代得以制度化。到了20世纪70年代,地区被定为公共机构。从1968年起,正式成为一级地方权力机构。

在很长时间里,地区的活动集中于经济和国土整治方面。从20世纪60年代开始,随着分权放权政策的推行,它在教育方面的权限逐步扩大。比如,对学校的房屋建设和维修计划提出意见,制定本地区的职业教育和社会晋升政策、计划并组织实施,处理与私立学校的关系等。进入20世纪80年代以后,法国分权放权的步伐加快,地区的教育职能也不断增加,1982年的82—390号法决定建立地区行政会议,授权它对中小学的投资,特别是校舍建设发表意见。

最重要的变化发生在1983年,法国议会连续通过法律,使地区的教育权限进一步扩大,如提出中等教育和特殊教育的布局预测,负责这些学校的建设、装备、运作和维修,组织补充性(课外)文化、体育、教育活动,组织职业继续教育和学徒培训并管理有关经费等。这样,全国的 22 个地区虽不算作一级教育行政层次,有的还与学区的地理范围不一致,但它们作为一级地方行政机构,也以自己的特有方式在教育方面发挥着作用。由于传统和条件的关系,它们更多关心的是中等教育、特殊教育和职业教育(包括一部分高等职业教育),尤其是后面两个领域。它们的主要行动是调查研究、制订计划、组织实施、提供资助。不过,地区毕竟只是与学区平行的一级经济和行政组织,虽兼有部分教育职能,但与专门的教育行政机构学区相比,它很少介入具体的教学和人事工作,也没有专门的教育职能部门、协商机构以及工作人员。

法国高等教育,尤其是大学素有自治的传统。1968 年的高等教育法又明文规定大学在行政、财政、教学 3 方面有自主权,学区长不再兼任大学校长,使之有了更充分的法律依据。所以,可以说法国的高等教育基本上是一级管理体制。即中央(教育部)制定原则,特别是考试、文凭、学制、人事等方面的制度,分配经费,各学校具体执行,中间没有其他过渡层次。这虽不排除学区的协调和地区的投入与合作,但也仅此而已,它们对学校基本上没有领导和管理职能。

(三)学校内部管理

1.法定地位

在法国,不同层次和类型的教育机构具有不同的法定地位。

学校 它不像在其他语言中那样是教育机构的总称,而是主要指幼儿学校和小学这些初等教育机构。比如,教育部的"学校司"实际上就是初等教育司。在法国,学校隶属市镇,在行政和财政方面都没有自主权。

初中和高中 法国的中等教育机构曾有国立中学和市立中学之分。1975 年改革后,这两个词失去了原来的含义,分别指高中和初中。此后,它们属"行政性公立事业单位"。一方面,它们具有此种单位的一般性质,即:业务专门化,负责11—18岁青少年的教育;有法人资格,可以像自然人那样进行诉讼、成为业主、接受捐赠、持有遗产⋯⋯;有自主权,特别是可以自行支配经费。另一方面,它们还有自己的特殊性,如用专门术语表示名称、人员、内部结构,内部设校务委员会,学区长受国家委托监督它们的运作,一部分可以国有化等。

大学 1968年以前,法国的大学为"属于国家的公共行政性机构"。1968年的高等教育法规定,大学是"具有法人资格和财政自主权的公立科学、文化性事业单位"。1984年的高教法规定,大学是"公立的科学、文化、职业性事业单位",它们是自治的,有法人资格和教育、科研、行政、财政方面的自主权。这样,大学就成了既不同于中学,更不同于其他机构的一种特殊的公立事业单位。

其他高等教育和科学研究机构 法国特有的大学校分属政府各部,还有部分私立,法定地位不一,往往由行政法院的专门法令规定。法兰西学院、自然史博物馆、高等研究实践学校、国立工艺博物馆、巴黎天文台等"大机构"为教育部的直属单位。它们虽有法人资格和一定的自主权,但自由度比大学小得多。大学技术学院算作大学的组成部分,但独立性比较强。高级技术员班大多附设在中学,地位与高中基本相同。

总之,就主体而言,机构的层次越高,法律授予的自主权越大,从而差异也就越大。

2.内部结构

小学和幼儿学校没有行政和财政自主权,规模也比较小,所以内部结构比较简单。一般情况下,都是校长接受所在市镇的领导,直接处理行政、财务、教学、联络等事宜,不再设专门职能部门,也没有其他专职管理人员。中学有一定的自主权,规模也大些,内部结构复杂一些。多数情况是,校长全面领导学校的工作,有些规模大的学校设副校长,教务主任和总务主任各一名,分管教学和财务后勤;1—2名教育顾问协助校长和主任组织教育教学;2—3名秘书处理日常事务;学校直接管理所有工作,不设中间层次。历次的高等教育法从未对大学校的组织结构作出明确规定。它们规模不大,多数不超过千人,校级行政部门精干,校长多将决策和执行职能集于一身,或设系组织教学,或由学校直接管理教学工作。大机构的特殊性比较强,无需一一列举。最有必要加以说明的是大学的内部结构。

1968年以前,每个学区的5所学院组成一所大学。学生多达几万,甚至十几万,校舍分散,加之各自为政传统的影响,大学只是一个空架子,无法真正实施管理,权力主要在各个学院。1968年的高等教育法取消了院、系、讲座的建制,把大学的规模划小,下设"教学与科研单位",变成两级结构,大学从此成为实体。除按专业划分的大体相当于系的"单位"外,校内还设有图书资料、继续教育、方向指导等公共服务部门。法律授予的自主权使大学内部结构多样化,大致可分为重视行政管理的"传统型"和重视参与的"民主型"两大类。它们的共性是,校一级有3类部门,行政委员会负责决策,行政、秘书、财会、外事、学籍、出版、图书资料、继续教育、手段设备等部门负责运行,专门委员会或小组负责协商和咨询,教学与科研单位的结构大大简化,一般只设行政委员会,日常工作由几名秘书处理。

3.具体实施

(1)幼儿学校和小学

教育行政上虽属省里领导,但长期的传统使之与市镇有着密不可分的联系。在这样的双重领导下,除分配教学任务,检查教学结果和决定给学生停学3天以下的处分外,校长没有多少权力可言。班级的开设与关闭、招生人数及地理范围、接送学生的校车、房屋设备的建设与维修等事宜,均需得到上面一个或两个部门的批准。一般讲,校舍等不动产归市镇所有,后勤工作也由它们管理;教师是国家公职人员,教学大纲又全国统一,故人事和教学工作主要由省里管理。市镇不设教育委员会,教育事宜由带有议会性质的市镇委员会研究决定。各省设初等教育委员会,研究有关问题,监督各项法规的执行。每个学校设校务委员会,由本分学区的国民教育督学、校长、市镇代表、省教育行政代表、教师代表、家长代表组成,有些地方还包括教会及有关基金会的代表。委员会制定学校内部规章,讨论教育教学工作并向决策部门提出意见建议。

(2)中学

行政与"立法" 经任命产生的中学校长具有双重身份,他们对内代表上级教育行政部门,对外代表学校,有一定的权威和责任。但是,随着学校的开放和教育教学工作的结合,"代表、责任、权威"这些词就不能完全反映他们的职能了。对外的联络与合作,内部的组织与协调,适应不断发展变化的形势,也是他们的重要任务。为此,他们下面至少设一名秘书,协助处理日常行政事务及联络、接待、档案等方面事宜,较大的学校往往设有几个人组成的办公室。校长根据学校总工作量和教师法定工作量向上级提出增减编制的申请,为教师分配任务,聘任不需上级批准的某些办事、后勤人员,对每个工作人员进行一年一度的"行政评估"。这种评估和督学不定期的"教学评估"一样。都要写出评语并打出分数,经被评估者签字后上报,对晋级有直接影响。这里的"立法"指制定本校的内部规章,校长主持,行政人员、教师、学生、家长及校外人士代表组成的校务委员会,根据国家法规和本校章程决定其他重要事宜。

经济与财务 学校预算由会计(大多由总务主任兼任)和校长共同编制,经校务委员会通过执行。正式工作人员均为国家公职人员,工资由国家发放且在等级、晋级时间、其他补贴、换算指数等方面全国统一。学校不动产属地方,房屋维修、水电供应、取暖等由市镇负责。新建校舍时,国家、地方或分别,或联合投资。教育教学设备的购置主要来自国家下拨经费。学生的食宿费用由学校按比例从学生的"人头费"中支出,同时国家给予一定补贴,家长也承担一部分。中学之间可以开展联合,在经济和财务方面发生联系。学校的另一笔收入是学徒税,即企业按国家规定比例拿出经费,委托国家或学校组织职工的继续教育。无论哪笔款项,都必须做到收支平衡。否则,上级或监察部门有权中止其预算的执行。

学籍与教学 中学的教学大纲、课时、学年起止时间、上课时数、假期、教师工作量等均由教育部统一规定。教学的具体内容,特别是方法,被教师认作他们行使自由的"唯一领地",不容染指。这样,被夹在中间的学校,在教学方面实际上便没有多少真正的权威,主要是围绕国家规定和教师希望安排课表。20世纪80年代以来,学校,特别是高中,可以把总课时10%左右的时间用于本地区或本学校计划所规定的重点领域,开展有关活动。当然,校长可以组织教学研究和实验活动,但这要以教师的自愿为基础。教材教法的选择,完全是教师的自由。凡小学毕业合格且属于同一招生片的学生,皆可在本片内选择学校注册。中学和小学一样,也不设期末考试和学年考试,学生的升留级和定向还是通过方向指导确定(详见本章第四节)。

学生生活 20世纪80年代以来,法国十分强调"学校计划"。它们主要涉及课外和校外教育教学活动,目的是活跃学校生活,丰富学生知识,提高他们的能力,促进全面发展。在这方面,校长受到的约束比较少,可以说大有用武之地。于是,信息和资料中心成为各校必设的机构,体育俱乐部和艺术小组纷纷建立,旅行、参观、调查活动大量增加。学生身心健康是学生生活管理的又一个重要方面。全国设有近千名专职"学校医生",负责普通教育阶段学生的身体检查。入幼儿学校、小学、初中、高中时各有一次比较大的检查,由学校协助组织。平时的卫生与安全教育,特别是住校生的工作,更多的是由学校负责。另外,还有一种人叫"社会助理",多为女性。她们的任务是了解学生社会方面,尤其是家庭的情况,以决定是否需要在经济、精神、安全、教育或其他方面给予特别关照和帮助,有关调查记录存入学生档案。

(3)大学

大学是法国高等教育的主体,容纳了这个阶段90%以上的学生,在管理方面也颇具特色。故在阐述高等学校内部管理的实施时,主要应谈及大学的情况。

行政与"立法" 高等教育法（1984 年颁布）规定，大学内设行政、科学、教学与学生生活 3 个委员会。"大学的管理，通过校长决定、行政委员会决议、科学委员会和教学与学生生活委员会的建议及意见得以实现"。3 个委员会的成员均包括本校师生员工的代表和校外有关人士，人数 2—60 人不等。其中，教学和研究人员占 35%—55%。行政委员会负责制定本校的各项政策，尤其是审批合同，表决预算，分配人员编制，调整机构，确定重大财经活动和授权校长作出相应决定。科学委员会属协商和咨询机构，负责就科研政策和方向、经费分配等问题提出建议，在教学和科研方面接受咨询。教学与学生生活委员会也是协商和咨询机构，负责就学生生活方面的问题提出意见和建议。校长是大学的行政领导人，由以上 3 个委员会联席会议选举产生，任期 5 年，不得连任。秘书长和会计师在行政和财务方面协助校长工作，他们分别由教育部和财政部经校长同意后任命。规模较大的学校设副校长。高等教育法规定，每所大学都应有自己的章程和内部规则。它们由学校行政委员会根据相关法规制定，既保证了全国的统一性，又往往带有自己的传统和特色，可称为校内的法律。学校下面一级是教学与科研单位，1984 年以后改称"培养与科研单位"。各校数量不一，从几个到十几个。它们的行政和"立法"与学校一级基本相同，只是较为简单。大学校的管理行政性比较强，校长多由主管部门任命，也没有那么多的协商和咨询机构。高等学校的正式工作人员皆有公职，管理原则基本与中学相同。学校在人事方面主要有 3 件事可以做：分配工作任务，根据表现和成果提出提前晋级建议；在自然减员和新增编制时，按有关规定组织招聘；利用超课时费，为超过法定工作量的教师或临时合同人员发放报酬。在涉及人事问题时，有关审议机构成员的职称或级别应至少不低于被审议者。

招生与学籍 原则上讲，各大学确定自己的招生方式。它们根据学校条件决定最大容量，在国家允许的范围内规定注册费标准，为经审查合格的高中毕业生注册,为没有高中毕业文凭者组织专门入学考试。注册时,学生须选定自己的学分课程。平时成绩和学年考试及格,便可得到相应的学分和资格。大学校的招生数量一般都基本保持不变,有严格的入学考试,面向高中毕业后上过2年专门预备班的优秀学生。它们大多不采取学分制,也没有大学那么多的文凭和学位,一般只颁发本校毕业证书。不论大学还是大学校,原则上都允许学生随时中止学业,也允许在职者或外校学生经校长批准后凭已有资格插班。

教学与科研 大学的基本学制、学分要求、学位授予标准、考勤制度、考试办法等均由学校根据国家统一原则确定。开设何种课程,每个学位的学分结构,课程的内容和方法,每个学生的学习计划,则是各个专业培养与科研单位自己的事。后者还负责教学的实施、方向指导和论文答辩。在科学研究方面,高等学校的职能主要是分配编制和经费。人员的组织、计划与实施、成果的评估和转让主要由各单位乃至个人负责,项目主持人有全权。文科研究中个人和小组的形式并重,理科研究大多由大学和国家科研中心合作组织,大学校则以应用研究为主。

经济与财务 大学接受国家拨款,其比例略超过大学经费总数的一半。其他将近50%的经费来自继续教育、科研合同、服务、注册费、学徒税、金融收入、地方资助、出版物、馈赠等方面。大学校长是经济和财务活动的决策者,会计师是执行者。大学及其下属单位的预算,由各自的行政委员会通过,在执行过程中受财政部的监督。大学的重大经济和财政活动,如借贷、投资、创建分支机构等,需由教育、财政、预算部长共同批准。

第三节 教育督导

(一)制度的产生

在法国,建立教育督导制度的思想在大革命之前就已经出现,大革命期间就此提出了许多建议和计划。其中,以多努的方案最为具体并载入 1793 年 6 月 26 日法律的第 6 条。当时规定,每县设一个督导办公室,监督并领导国立学校。但是,和其他方面的许多问题一样,后来的法规变幻不定,没有也无法落实。

1799 年拿破仑执政后,开始了一系列中央集权的努力。1802 年,著名政治家塔列朗提出了一项教育法案,再次谈到督导问题。法案指出,为了不间断地监督学校及其教学工作,有必要建立督导制度。首席执政任命的 3 名总督学是政府在学校里的耳目,他们应认真视察全国的学校,向政府报告情况。拿破仑称帝后,于 1806 年和 1808 年先后颁布法律和法令,正式建立了中央集权的教育管理体制。1808 年的法令规定,帝国大学总长从大学官员中任命 20—30 名总督学,他们按文、理、法、医、神 5个学院分成 5 组,根据总长命令轮流视察学区、学院和中学;每学区由学区长推荐,总长任命,另设 1—2 名督学,协助学区长视察和督导本学区的中小学。于是,法国教育督导制度正式出现,有了两级建制。在国家与教会争夺教育领导权的斗争中,七月王朝教育大臣基佐决心纠正长期以来不重视初等教育的偏向,加强国家的监督和控制。他于 1833 年任命了400 多名临时督学,检查小学工作。实验的成功使他下定决心建立常设人员。1835 年 2 月 26 日由他主持制定的一项法令规定,教育大臣为每省任命一名初等教育督学。至此,中央、学区、省 3 级都有了督导机构和(或)人员,法国教育督导制度基本形成。

在此后的一个多世纪中,随着政治、经济、社会和教育自身的发展变化,教育督导制度也不断完善。首先,在中央一级,总督学的种类和数量增加,形成了几个专门化的督导部门。1854 年,拿破仑三世决定建立公共教育总督导局,内设负责高等教育的总督学 8 名,负责中等教育的总督学 6 名,负责初等教育的总督学 2 名。1888 年,高等教育总督学取消,大学自主权进一步扩大。与此同时,中等教育和小学教育的督导工作加强,学前教育和技术教育的督导先后于 19 世纪后半叶和 20 世纪初从无到有。20 世纪 60 年代,又建立了与国民教育总督导局平行的国民教育行政总督导局和图书馆总督导局。其次,在学区一级,督导人员的职能多样化,有的已经超出督导范畴。1854 年的教育行政法规定,每个学区设与所辖省份数量相等的学区督学,派驻各省,协助学区长工作。此后,学区督学在学区长和省长的双重领导之下,兼负管理和督导职能。为了加强省一级对教育的管理,法国于 1947 年 2 月 28 日颁布法令,规定学区督学为各省教育行政负责人,使之职能明确并单一化,成为只保留督学名称的省教育局长。为了补充学区督学负责行政管理后出现的对教学督导的空白,20 世纪 60 年代又新设了地区教学督学。此外,学区一级还设立了专门负责技术教育、青年与体育、学校卫生、信息与方向指导等项工作的督学。再者,省级督导人员的种类和数量增加,与中央和学区对应,形成体系。19 世纪中叶,省里负责小学教育的督学由每省一名发展到每个分学区一名。到 1889 年前后,全国达 400 名,并出现了学前教育督学。进入 20 世纪后,省里的督学也扩大到技术教育、青年与体育、学校卫生、信息与方向指导等领域。另外,随着督导人员种类和数量的增加,对他们的招聘和培训制度也不断完善和严格。

(二)机构与人员

1.中央

中央一级的督学称总督学,他们分属几个督导部门。

(1)国民教育总督导局

原公共教育总督导局于 1980 年改称此名,现有总督学约 180 名,按中小学开设课程分成 14 个小组。

总督学局的任务带有明显的多样化特点,而且随着教育的发展和部长的更迭多有变化。1985 年教育部为它确定的使命是:关注和评价教育系统的运转,监督检查教师的教学质量并为之打分,参与教师的招聘和培训工作,与有关专家学者合作编制中小学教学大纲。应当说,这一表述比较恰当地反映了总督学局的工作内容。当然,如果再加上受部长的指示和委托代表他处理临时性事务,似乎更为完全。这也许是不言而喻的,因为总督学局从来都以此为己任。

（2）国民教育行政总督导局

自 1965 年设立后,人员不断增加,现有约 60 人。它也分组工作,只是比较灵活,经常根据年度中心工作调整小组的数量和构成,涉及教学和大纲以外的部属机构、中间机构、学校布局与设备等各方面行政和财务问题。

（3）图书馆总督导局

1969 年设立,人员不多,负责监督检查国家图书馆、大学图书馆和文化部领导的图书馆的组织和运作。

（4）青年与体育运动总督导局

由教育部长和青年体育运动部长共同领导。在教育方面,负责对学校体育教学及教师的督导。

以上各类总督学的聘任基本相同,以审议的方式进行。当出现空缺或需要增补时,随即招聘。由于招聘是在高层次进行,所以没有对申请者的资格和条件提出具体要求,只笼统地规定必须是公立教育部门的工作人员,有很高的专业水平和能力,热爱教育事业,了解教育系统及其运作,乐于和善于革新,为人公正和蔼。这样,他们的来源也多样化,既包括低一级的督学,也包括高等学校教师（主要是教授）,还包括教育行政和管理人员以及图书馆长和博物馆长。审议包括查阅档案、调查、谈话等程序,首先在总督导局的有关组内进行,复审由局长、各组组长和教育部有关司局长负责,然后上报部长,后者确定人选后由总统任命。审议过程中,应聘者的资历十分重要,它能比较全面地反映学历、能力、水平乃至表现。高质量的来源和重要的职能有助于形成一个良性循环,保证中央督导部门及其人员的水平和权威。

2.学区

学区一级的督导人员可以大致分为 3 类。

第一类是纯粹的督导人员,称地区教学督学,全国共约 600 名。他们按中学课程分学科设置,平均每人负责300—400名教师。故多数学科每学区一名,课时过多和过少的学科可以有若干名或与其他学区共用。地区教学督学的职能基本与总督学相同,只是职权范围不同。他们一方面受总督导局相关学科组的领导,完成任务,汇报情况;一方面同时受学区长指挥。

第二类是名为督学的行政人员,即前面提到的省教育局长——学区督学。他们与地区教学督学的级别相同,又都在学区长的领导下工作,但职责完全不同,可称为不负责督导的"督导人员",或者更确切地说,是出身于督学的行政人员。

第三类是带有"督学"头衔的参谋、顾问等其他人员,如技术教育主任督学、青年与体育运动主任督学、学校卫生督导医生、信息与方向指导督学等。他们是学区长参谋顾问班子的重要成员,但不负责督导工作。

学区级督导人员的聘任通过"审议＋实习"的方式进行。对应聘者资格的要求是,或具有国家最高学位,或具有中学教师最高职称——"会考教师",或是具有学士学位的省级督导人员。对应聘者经历的要求是,至少担任过一种下述职务:大学教授、大学讲师、高中校长、高中教师、师范学校校长、省级督学,技术或青年与体育运动督学应聘者必须有相关经历,学校卫生督导医生必须是医生。初选在学区一级进行,学区长在审查档案和谈话后分类型列出备选名单上报教育部,总督导局有关组织及该局和教育部联席会议审议后报部长,后者确定最后人选,由总统发布命令任命。被任命者由部长分配实习地点,两年后得到总督导局和学区长两方面满意者才可转正。

3.省

省里的督学原称省国民教育督学,后去掉"省"字,称国民教育督学,可以说他们才是真正意义上的督导人员,全国共约1200多名。

在教育管理方面,法国每省分成若干分学区。后者不是一个行政层次,没有中央、学区、省3级那样的管理职能。设置它,是为了在较小的空间内协调招生、教育、教学等工作,也是为了划分省级督学的督导范围。过去,学前教育和小学教育的督学是分开设置的。因教师数量的不同,他们督导的地理范围也不尽相同。为了加强初等教育这两个阶段的联系和衔接,两类督学于 20 世纪 80 年代合二而一,按学区划分,由一名国民教育督学负责那里所有幼儿学校和小学(平均约含 200 多名教师)的督导工作。

此类督学在省教育局长——学区督学的领导下工作,主要负责检查初等教育教师的工作并予以评分,有时也将督导范围扩大到中学级别最低的教师和特殊教育教师。他们另一项重要任务是组织教师的教育教学活动和参与上述教师的职前和在职培训。有个别学生数量较多的省份,学区督学挑选一名省级督学做他的副手,这时后者便有了一定的行政职能。

另外,各省还设有技术教育、学徒、青年与体育运动、信息与方向指导等方面的督学,全国共约 600 多名。他们既是学区督学的顾问,又负责各自领域的督导工作,有时还参与一些行政事务,把几种职能融于一身。

国民教育督学是通过"考试+培训+实习"的方式聘任的。考试为竞试,按预算批准的增补名额录取。报名者必须是公立学校的正式教师:小学教师应年满 30 岁,有 7 年教龄并通过预考;初中教师应年满 28 岁,有 5 年教龄;大学本科毕业的各类中学教师应年满 26 岁,有 3 年教龄。考试在学区一级举行,初试为笔试,是分析一份关于教育或教学问题的资料;复试包括评论某科教学法和回答问题。考试委员会由一名总督学主持,按成绩和规定名额将参加培训者名单报教育部长,前述 3 类报名者分别占 75%、15% 和 10%。培训的第一年见习和研讨交替进行,通过年终考试者进入第二年的"责任实习",负责一个分学区的督导工作。年终通过实践考试者授予督学证书,再经一年的实习,即可转正。其他省级督导人员的聘任与国民教育督学基本相同,只是要求必须从事过有关工作,少数人可以由任命产生或通过合同聘任。

(三)督导的实施

有关文件只规定了督导机构的设置、主要职能和人员的聘任,再加上工作面宽和人员类型多样,督导工作在实施中有千差万别,而且随机性随着级别的升高不断加大,这里只能作最一般性评价。

1.中央

概括地说,总督导局的工作重点是中等教育,方式是分科督导,方法是分工协作,原则是宏观与微观相结合。进入 20 世纪 80 年代以后,分权放权进一步展开,中央一级的督导工作更注重宏观,特别是改革方案的可行性研究及当前形势与问题的调查。这样,原本已经很大的工作量(平均每人负责 500—1000 所中学,还要参加有关招聘或考试委员会,组织编写教学大纲,特别是完成部长交给的诸多临时任务)就更无法完成了。于是,一部分总督学把普遍督导改为重点督导,围绕着新教师、新学校、困难地区、年度中心工作等进行。也有一些人就安于当满天飞的钦差大臣了。难怪不少已经工作多年的教师从未接受过总督学的检查,即使见过他们,也是在一些会议或仪式上。至于国民教育行政总督导局,专题调研更是它的工作重点,这包括常规的综合分析和年度的重点题目。

另外,还存在着一种协调机制,它把两个总督导局联系在一起。这表现在两个层次上:国民教育总督导局内有一个"教育与学校生活"小组,它的业务范围横跨两个局,涉及教学、行政、财务、资料信息以及学校的全貌;年度计划中的重大题目由部长会同两个局的负责人统一安排。

2.地方

1980 年 6 月 24 日出台的《国民教育部长关于地区教学督学的使命与招聘的决定》指出,此类督学在总督导局和学区长双重领导下工作,以保证教学的质量和教育的协调。该决定为地区教学督学规定了以下职能:参与教育教学人员的招聘与培训,观察和活跃教育系统并加以评估,检查教学人员的工作并为他们组织活动,就系统的结构、运转和教学内容与方法向上下各有关人员和部门提供信息和建议,参与教育教学的组织和实施。国民教育督学的职能和工作情况与地区教学督学基本相同,他们的主要差别有三:前者在省里工作,后者在学区;前者负责学前和小学教育,后者负责中等教育;前者在一个分学区工作,不分专业,后者按中学所开课程分专业工作。

督导基本程序如下:通知被督导教师,听课,检查教案及其他书面和实物准备,听取校长、同事和学生意见,把结果(分数与评语)与被督导者见面并提出具体意见和建议。督学的评分对教师的晋级有直接影响,绝大部分教师都认真对待,不敢马虎。一般规律是,越到基层,督学督导的频率越高,这尤以国民教育督学为甚。所以,学前和小学教师平均1—2年接受一次督学的检查,中学教师两次接受检查的间隔要大些。

第四节　方向指导

如何认识与对待学生的分流问题? 如何积极引导学生和成人选择升学就业的方向? 如何减少其中的盲目性和失误? 这是所有国家都遇到的问题。法国的学业与职业的方向指导很有特色,它不仅历史较长,有专门的机构和人员,而且在很大程度上取代了,至少是补充着其他国家惯用的考试制度,成为教学管理的重要机制。

(一)机构和制度的建立

19世纪末,西方教育界已在酝酿着对学生的方向指导,瑞士和美国先后在1902年和1908年建立了有关机构。法国第一个相应的机构建于1912年,即巴黎的"为青年选择职业提供资料和建议办公室"。第一次世界大战之后,职业技术教育的发展和方向指导机构的相继建立,促使法国政府于1922年发布法令,称职业方向指导是"在把青年男女安置进工商业之前进行的全部工作,它的目的是发现他们在道德、身体和知识方面的能力"。此后,政府开始资助已有的"职业方向指导处"并准备建立新的机构。1928年,方向指导的先驱者们(教育家、心理学家、社会学家……)在巴黎建立了"全国职业方向指导研究所",开始系统地进行有关研究和培养方向指导工作人员。1930 年政府正式承认这一研究所,拨款资助。但是,当时的机构分属不同团体和系统,没有统一的规章,国家(职业教育总司)的协调极为有限。为此法国于 1938 年颁布法律,正式建立了有关制度:每省在省府或人口最集中的城市设立一个职业方向指导中心(这并不排斥地方和职业界自己建立中心),以减少这一工作的多元化;对进入工商界的 14—17 岁青年进行身心检查,需要时出具他们不适合某种职业的证明;一个或若干省设一个职业方向指导秘书处,在教育行政部门领导下,协调、监督、检查各中心的工作。1939 年的实施细则,将方向指导范围扩大到手工业和农业,即所有完成义务教育(当时为 14岁)的青年都应去中心接受身心检查和职业方向指导。当时,这些中心的主要工作是:综合学校、医生、家庭 3 方面提供的情况,向家长和学生提出从事何种职业的建议及途径。

从 1938 年国家立法到 20 世纪 60 年代末,法国的方向指导发生了很大变化。第一,国家的介入增加。1938 年,政府承认全国职业方向指导研究所颁发的文凭为方向指导工作人员所必需的资格。1944 年,该所颁发的文凭成为国家文凭。1956 年,公立的方向指导工作人员成为国家公职人员。这样,这些自发成立的机构逐渐成为国家机构,被纳入教育系统。第二,由于社会的重视和国家的介入,方向指导工作的经费增加,机构进一步系统化。到 20 世纪 60 年代末,全国已有 250 个中心,专职工作人员 1 500 名(1945 年约为 300 名)。第三,涉及面不断扩大。在建立之初,方向指导中心的对象仅是 14—17 岁完成义务教育后准备在工商业就业的青年。以后,扩大到工、商、手工业和农业就业的所有 14—17 岁青年。1959 年的教育改革后,政府提出方向指导中心要"为各级各类教育服务",它们尤其加强了在新设的初中观察阶段(第一、二年)结束时和方向指导阶段(第三、四年)结束,即初中毕业时的工作。20 世纪 50 年代初,开始提出对成人的方向指导,1970 年得到官方的正式认可。从 1968

年开始,方向指导顾问参加中小学班级委员会的工作。

在即将进入 20 世纪 70 年代的时候,第五个五年计划把调整学校布局,发展教育列为重要内容,教育、劳动、职业、社会等部门需要上下沟通,双向传递有关信息,对方向指导系统提出了新的、更高的要求。与此同时,战后地方、企业、团体、国家各自建立的方向指导机构协调很差,常常重复劳动,有时工作又可能出现空白。这一形势促使法国在进入 20 世纪 70 年代的时候对方向指导进行了改革。

改革开始于 1970 年。当时决定调整机构,将 1932 年建立的大学统计室改为国家教育与职业信息处,负责提供信息;过去的学业与职业方向指导中心改称信息与方向指导中心,负责传递信息。1972 年,法国政府又发布法令,决定取消过去的学业与职业顾问、大学统计室资料员等职称,有关工作人员统称方向指导顾问,作为国家公职人员,通过国家组织的公开竞试招聘,其能力证书与中等教育教学能力证书属同一层次和级别。1973 年的法令规定,不能在决定方向的最后时刻通知家长,方向指导应在一个学年内分阶段逐步完成;学生去向不再主要由家长决定,方向指导中心和学校应当承担更多的责任。经过 20 世纪 70 年代的改革,法国方向指导发挥的作用越来越大。

(二)组织机构

1.网络

法国的方向指导工作,由两个系统、四个层次组成的网络负责。两个系统是行政系统和业务系统,四个层次是中央、学区、省和片。

在中央一级,行政系统的机构是国民教育部,方向指导工作主要由其中的中学司负责,这包括确立原则、制定政策、组织实施、宏观调节、检查评估等。这一级的业务机构是国家教育与职业信息处,业务系统的代表是国家教育与职业信息处的地区代表处。在学区一级,行政系统的代表是学区长和他领导的学区信息与方向指导服务处,业务系统的代表是国家教育与职业信息处的地区代表。不过，在这一层次上，行政和业务两个系统的界限不再那样分明，合作和联系更为密切。在省一级，两个系统合并，由信息与方向指导督学上下沟通，传递信息，指导和协调本省信息与方向指导中心的工作。这些人名为督学，实际上是各省教育局长——学区督学在信息和方向指导方面的顾问。为了使学校布局合理和便于管理，法国每省又分为若干片，平均每个片有十余所初中、2—3所高中、3所职业高中。每个片设一个信息与方向指导中心，为本片学校的学生服务，也为这一地理范围内的其他机构和人员服务。

2.人员

经过20世纪70年代初的改革，对方向指导人员的培训制度更为完善和严格。国家以公开竞争的方式招聘信息与方向指导顾问，考试分为以非国家公职人员为对象的"外部考试"和以国家公职人员为对象的"内部考试"。外部考试报名标准是，不超过35岁，至少受过2年高等教育。内部考试报名标准是，不超过40岁，至少受过完整的高中教育。两种考试内容相同（包括心理学、教育系统的结构与运转、经济与社会问题、教育科学4项），但分开录取。通过招聘考试者，被录取为方向指导顾问学员，具有国家公职人员地位，领取工资。两年的全面系统培训过程中，在理论方面，心理学，特别是差别心理学很受重视，一直占主导地位。与此同时，经济学，尤其是社会学方面的内容不断加强。在实践方面，信息与方向指导中心的实习越来越受重视，并注意把所学理论和法国的实际紧密结合起来，还要求写出理论联系实际的论文。最后要进行正规的结业考试。初试为笔试，内容包括对人的认识，数学和统计方法在方向指导中的应用，对教育及方向指导系统的了解，对劳动、培训、就业有关方面的了解4项。复试是口试，要对实习中撰写的论文进行答辩。通过结业考试者，授予方向指导顾问能力证书，由国家分配工作。

另外，几乎从建立的时候起，全国劳动与职业方向研究所在培养新的方向指导顾问的同时，就开始了对在职顾问的继续教育。目前，它每年办约 20 个在职进修班。

(三)活动方式与内容

1.采集、整理和发布信息

这一工作主要由国家教育与职业信息处负责。该处通过其学区代表处和遍布全国的几百个信息与方向指导中心收集有关信息,经过整理后出版的微型指南免费发给每个学生,它分类编辑的详细指南在每个学校的资料与信息中心(全国共 11000 个)都可以找到。它定期在电视台播放有关节目,观众还可通过在法国十分普遍的小型家用终端索取信息。通过后一种渠道与该处联系者,平均每月达数万人次。此外,国家教育与职业信息处还有对残疾人进行方向指导的专门业务和出版物。

2.协助教育行政部门和学校制订并修正计划

这一工作主要由国家教育与职业信息处的学区代表处和学区信息与方向指导服务处负责。这两个机构往往合为一体,一方面上情下达,下情上达;一方面通过分析收集到的信息和数据,研究学生、家长及不同行业的动向,帮助教育行政部门制订工作计划,调整学校布局,指导各级各类学校的招生工作和教学内容与方法的革新。这一级的信息与方向指导的机构和工作人员的使命,带有明显的中介性和参谋性,与家长和学生的直接接触较少。

3.直接提供信息和方向指导

这一工作主要由设在全国各地的 500 多个信息与方向指导中心及其 4000 多名工作人员负责。信息与方向指导工作的丰富与灵活在这一层次上体现得最为充分。这些中心的主要工作大致可以归纳为以下 4 项。

日常工作 这主要包括散发国家教育与职业信息处编制的各种微型指南,无偿提供各种详细资料与咨询,接待来访者。各中心在备有全国和本学区资料的同时,还都辅以更为详尽的本区的资料,如机构的地址、电话、联系人姓名,有关课程的具体内容,对过去毕业生的跟踪调查等。对重要的和带有普遍性的问题,中心还可通过广播、电视、报刊等途径,进行广告式的提示或专题性评价。

对中学的工作 这是信息与方向指导中心的重点工作。首先,每名方向指导顾问联系一两所中学,他们根据与学校共同制订的年度计划,组织参观、见习、会见等活动,协助学校的资料中心管理和使用有关资料,帮助和促进学生与职业界的相互了解,双向提供信息。其次,他们在培养学生主动了解情况和分析形势的基础上,帮助学生恰当地选择升学或就业的方向。这一方向,既包括长远的打算,也包括近期的目标,既包括某种志愿,也包括为实现这一志愿而制订的切实可行的具体计划。第三,方向指导顾问还帮助和补充学校对每个学生的评估。法国中学不通过考试,而是通过对学生学业与能力的评估决定学生的升留级。而且自战后,特别是1959年和1975年的两次教育改革强调方向指导,把初中4年分成"观察阶段"和"方向指导阶段"以来,法国对学生的学业和职业方向指导就由高中阶段向下延伸到整个初中。每个学年末,学生都面临着几种出路:升级、进职业教育机构、进特殊教育机构、留级。方向指导的重点部位是两个阶段的衔接处(即第二年结束时)、初中毕业、义务教育结束(高中第一年)和高中毕业这些比较重要的分流时刻。由班主任、任课教师、方向指导顾问和学生代表组成的班级委员会,根据协商情况和可能,经与家长反复协商,确定学生的方向。

对16—25岁失业或待业青年的工作 在法国300多万失业人口中,一半以上是25岁以下的青年。这一现象,成为法国社会的严重问题和不稳定因素之一。为了解决这一问题,法国政府近年来采取了一系列措施,力图通过多种形式、多渠道的培训,使失业和待业青年获得一技之长,尽快找到职业。信息与方向指导中心在这方面发挥了重要作用,它们接待青年来访,帮助它们分析主客观情况,提供有关信息和建议;它们参加各级地方性工作组的工作,制订和落实青年培训计划。

对大学的工作 在法国,持有中学毕业会考文凭便可到大学注册。信息不灵和盲目选择使大学第一阶段的失败和辍学现象十分严重。为了使未来的和现在的大学生作出更清醒、更恰当的选择，信息与方向指导中心一方面参与各大学的方向指导中心的工作（提供资料和信息、参加有关活动、直接接待等），一方面加强对高中毕业生的工作，力图防患于未然，在一定程度上有助于抑制问题的恶化。

法国的信息与方向指导系统的工作量是很大的。据1985—1986学年统计，有173万人到该系统了解情况，有158万人（主要是青年）得到不同形式的帮助（如谈话、测验、建议等），由262万青年从中得到信息，方向指导顾问参加了14.5万次的咨询和培训活动，方向指导顾问的个别指导工作涉及81%的初中毕业班学生、27.5%的普通高中学生和16.7%的职业高中学生。此后，这些数字有增无减，足以说明信息与方向指导系统的影响与作用。

法国一直对方向指导工作比较重视，经常进行调查和评估，以更好地改进工作。比如，1988年6月国民教育总督学局发表《对学生的方向指导》调查报告，认为对学生的方向指导问题很多：方向指导的条件没有随着任务的变化得到改善，经费不足，设备不够先进，还有少部分机构没有配备电子计算机，信息与方向指导中心布局不够合理；无论是各学区之间，各信息与方向指导中心之间，中心与学校之间，初中和高中之间，还是参与方向指导的各类人员之间（学校的教师、省方向指导督学、中心的方向指导顾问、负责教学工作的有关督学等），都缺乏必要的协调，分散了力量，影响了效果；方向指导顾问既要在中心接待，又要去学校和师生接触，工作面宽，量大，平均每人仅在校中学生就要负责1500多名，但这一重要的工作在社会上和教育界内没有受到应有的重视，地位不高，甚至被有些人视为不伦不类；方向指导过程中，不重视学生的个人志愿和能力，启发他们制订并实现个人计划不够，更多强调的是让学生和家长尊重方向指导顾问和班级委员会的意见；班级委员会的工作制度与方法不适应当前形势，尤其是应起重要作用的班主任没有受过专门培训，他们的影响因人、因所教科目而异；由于没有明确、科学的标准，有关人员素质不整齐且配合较差,班级委员会对学生优缺点的评价和升留级的建议不够准确,因而缺乏公正。这种种不足使方向指导的结果受到影响,有时不够科学,有时家长不予接受。

根据以上情况,调查报告建议,改变方向指导的原则,使它的性质由"判决"变成建议,以学生为主体,尊重家庭的意愿。报告提出了4方面的措施:加强信息与方向指导中心的工作,适当加以合并,使每个中心配备有计算机和专职资料员,要求这些中心真正了解学校的情况和帮助学校制订计划;以对学生的评估和教学的个别化相结合取代对学生今后方向的决定,以与家庭及学生的协商取代班级委员会的决定;初中毕业前不进行带有决定意义的方向指导,学生升留级及学业的选择主要由家长作出,其他意见都作为参考,当一条路走不通时可以尝试其他途径,初中毕业时家长和学校通过协商确定学生方向,此时仍以家庭意见为主。高中阶段的做法与初中阶段基本相同。在这以后,法国的方向指导工作得到一定改善,作用也有所加强。

第三章　初等教育

在很长时间内,法国的初等教育基本上由教会控制,发展缓慢。18世纪的启蒙运动和1789年资产阶级大革命,对教会教育进行了无情地揭露和尖锐地批判,要求建立以世俗教育为特征的国民教育制度。1833年基佐教育法和1867年迪律依教育法等,都提出国家实行免费的义务初等教育。然而大革命后,由于法国政局长期不稳定,旧的保守势力执政后依靠教会掌管教育,教会趁机极力压制和排挤世俗教育,使得世俗教育的发展步履艰难。第三共和国时期,法国初等教育出现了较大的变化,得到较大的发展。1880年到1889年间,政府通过几次重要的教育立法,表达了"建立国家教育的决心,并把它建立在权利与义务的观念基础上",确立了基础教育"世俗、免费和义务教育"的三项原则,从而最终建立了法国近现代的义务教育制度。新的教育制度的建立,使国家摆脱了教会的影响,实行了教育的世俗化,让人信仰科学,开始使初等教育面向所有的适龄儿童。第二次世界大战之后,经过几次重要的教育改革,初等教育体系不断完善,形成了现行的初等教育制度。

第一节　学前教育

学前教育亦称幼儿教育,是根据一定的培养目标和幼儿的身心特点,对进入小学以前的幼儿进行的有计划的教育。法国学前教育不属于义务教育范畴,但免费。

(一)历史沿革

法国学前教育至今已有220多年的历史。1767年,一位名叫让·弗雷德里克·奥贝兰(1740—1826)的神学院毕业生,奉命到阿尔萨斯地区的邦德拉罗索乡村担任牧师。这里地处山区,十分落后。奥贝兰到任后,帮助当地居民修路架桥,整治土地,改进农业生产,引进手工纺织。1771年,他在当地办起了一所幼儿教育机构,"希望把这里的儿童培养成人"。奥贝兰是卢梭和裴斯塔洛齐的崇拜者,他采用裴斯塔洛齐的教育方法,让儿童一边学习基础知识,一边做一些力所能及的劳动。他组织幼儿唱歌、绘画、做游戏、采集植物标本,讲解阅读、写字、简单的计算,开展道德和宗教活动,同时还教幼儿编织和手工,养成良好的习惯。奥贝兰开办的这所幼儿教育机构被看成是法国最早的学前教育机构。此后,各地出现了另外一些幼儿机构,如托儿所、幼儿园等。

1801年,德·帕丝朵蕾夫人在济贫院委员会和妇女委员会的帮助下,在巴黎开办了首家幼儿园,招收了80名儿童。后来菲尔曼·马尔波在巴黎办起了第一个托儿所,接受15天至3岁的婴幼儿。当母亲外出做工时,可以把孩子寄放到托儿所照看。1836年4月9日,基佐的继任佩雷在教育部公告里提出开办"幼儿教养所",接收贫苦家庭2—6岁的幼儿。实际上,这也是一种幼儿园。两年后,全国办起了800多个幼儿园,接收了2万多名儿童。第三共和国以前,无论是幼儿园还是托儿所,其性质基本上属于照料幼儿生活的慈善机构。

到第三共和国时期,国家通过颁布法令,将幼儿学校正式确立为学前教育机构,并作出了相应规定。1881年8月2日法令规定,用幼儿学校代替以往的幼儿教育机构;教育内容包括读、写、算,自然科学和地理基本观念;课文要求短小,体操练习和唱歌应交叉进行。1882年7月的法令规定,每所幼儿学校不得超过150人。1887年1月18日戈伯莱法将幼儿学校纳入整个学校教育系统,作为"第一级教育机构"。该法规定,居民在2000人以上的市镇应开办一所幼儿学校,1200人以下的居民点应在小学附设学前幼儿班;幼儿学校校长和教师一律由师范学校负责培养,并必须取得相应证书;各级教育行政部门设立幼儿教育督学。至此,法国学前教育制度初步建立起来。在以后的一个多世纪里,法国学前教育从法律上和制度上不断完善,机构和入学儿童不断增加,教学内容和教学方法不断改进。进入 20 世纪 70 年代以来,法国学前教育取得了长足的进步,特别是在入学率方面的增长,更是让法国人骄傲,也为世人所瞩目。

(二)现行制度

法国现有公立、私立幼儿学校共 17000 多所,小学附属幼儿班 1 万多个,在校儿童 250 多万,教师 94000 多名(其中男教师占 2.5%)。2—5 岁儿童的入学率从 20 世纪 60 年代的 50% 增加到 20 世纪 90 年代初的 84%;4—5 岁儿童入学率自 20 世纪 80 年代以来一直保持为 100%;3 岁儿童入学率进入 20 世纪 90 年代后超过 98%。下面是 1960—1992 年,法国幼儿学校 2—5 岁儿童入学率的增长情况:(单位:%)

	1960—1961	1970—1971	1980—1981	1989—1990	1990—1991	1991—1992
2 岁	9.9	17.9	35.7	35.5	35.2	34.4
3 岁	36.0	61.1	89.9	97.2	98.1	98.8
4 岁	62.6	87.3	100	100	100	100
5 岁	91.4	100	100	100	100	100
2—5 岁	50.0	65.4	82.1	83.9	84.2	84.4

资料来源:Anne Caboche:Apereu du système éducatif francais.CIEP.1992.P.22.

近几十年来,随着文化和社会的演变,儿童的生活方式发生了许多重要变化。人们越来越认识到,人出生后最初几年的教育对于他们今后的成长和发展非常重要。因此,人们将幼儿学校从先前单一照料儿童转向将照料与教育相结合,将简单地向儿童灌输知识到启发诱导他们进行生动活泼的游戏和学习。1976 年的法令规定,"幼儿学校应有助于儿童的身体、智力和情感方面的个性品质发展。要引导儿童运用各种表达方式,为今后接受小学教育作好准备。促使儿童早期发展,并从教育方面处理存在的障碍,以使他们在今后整个学习过程中实现机会均等。"[1]

---

[1] Dictionnaire encyclopédigue de l'éducation et de la formation.Ed.Nathan,1994.P.294.

1977 年教育部进一步明确了幼儿学校的 3 项目标,即"教育、学前准备和照料";同时提出从以下方面对儿童进行教育培养:情感,身体、运动、行为,发音、音乐,造型表现力,想象力,口头语言,认识发展。

进入 20 世纪 80 年代以后,法国学前教育进入到一个新的发展时期。1986 年,国民教育部在《幼儿学校:作用与任务》的报告中指出:"幼儿学校的总目标在于使儿童的各种可能性得到发展,以形成其个性品质,并为他们提供最佳机会,使其能在学校学习和社会生活中获得成功。"[1]这样一来,使儿童"受学校教育"就成为幼儿学校的首要目标。所谓使儿童受学校教育,就是强调使儿童感到幼儿学校是用来学习的场所,它既有学校的要求,又要为儿童保留自身这种特有的满足和喜悦。幼儿学校要引导儿童,使他们对活动产生兴趣,包括作业和练习。幼儿学校的第二个目标是使儿童教育"社会化"。所谓儿童教育社会化就是要教育儿童如何与他人建立联系,使其成为易于交往的人。这就要求通过组织儿童开展各种活动,让他们发觉自己与他人(包括儿童和成人)的合作可以开始一些有兴趣的活动。同时在活动的过程中,让儿童在扩大和丰富其社会联系方面得到帮助。第三个目标是教会儿童学习和练习。总之,重要的是使儿童们通过开展各种各样的活动,发展他们的感觉能力、动手能力、说话能力、思维能力和想象能力;同时要帮助儿童积累经验,探索世界,增加知识,不断地激励和满足广大儿童的求知欲。

幼儿学校根据儿童身心发展的特点及需要,为他们开展各种活动。

体育活动的目的是使儿童锻炼自己的运动机能,保证身体健康所需,促进儿童的适应能力与合作能力的发展,通过克服障碍和表现自信的游戏发展儿童个性品质,学习有关知识。体育活动的方式应当是多种多样的。行走、跑跳、爬行、攀登、投掷、平衡等全身运动机能活动,能使儿童在应答指令、克服困难、解决问题、信号反映的速度和能力方面得到

---

[1] 瞿保奎主编:《法国教育改革》,人民教育出版社,1994 年,第 542—543 页。

锻炼。敏捷游戏、速度游戏、对抗性游戏以及舞蹈和伴有唱歌的舞蹈,可以提高协调能力。儿童表演由他们自己创作或由教师建议的动作,可使儿童得到充分的表现,展示他们的能力。

交流、口头与书面表达活动是幼儿学校中具有决定意义的活动。教师应当通过阅读故事、解释插图、评述游戏等各种方式,使儿童(最年幼和尚不会表达的儿童)能够开展对话活动,包括与其他儿童和成年人之间的对话,进行语言交流。教师应特别注意使用口头语言和书面语言,这是人们产生想象的关键之一。在这方面,最基本的东西是词汇、代词、动词时态的掌握和使用。因此,语音练习、儿歌和听力游戏,对所有的儿童都是有用的。要让儿童们懂得,语言和音乐、表演、图片等表达方式之间的联系。应当从小班开始经常接触图书馆、资料中心和课堂里的书籍,养成利用这些资料的习惯。同时,让儿童在"掌握阅读"中获得阅读方面的知识。还可以让儿童经常接触历史性记叙、内容丰富的故事以及各种诗的语言和诗歌,使他们不仅能获得知识,还可以增强想象力和发展再现表象能力。

幼儿学校的艺术与审美活动可以发展儿童的感受力、观察力和听觉能力,并使他们熟悉各种艺术形式。艺术活动可以让儿童通过动作、姿态、声音和模仿他人,来进行表达和创作。活动中,儿童接触不同的物质,尝试不同的技术,可以增加感觉的机会,发展创造性想象。审美活动涉及各种形式、各个时代和各类文化艺术,如绘画、唱歌、摄影等。幼儿学校应当向儿童呈现美好的形象,使这些美好的形象帮助和引导儿童向往和形成其他的形象。

科技活动能够使儿童进行探索、发现和制作,其目的始终是要提出问题和解决问题。儿童参加科技活动的方式和内容,可因年龄、能力和知识而异。在这些活动中,儿童通过观察和使用各种物质材料,选择各种技术(组合、粘贴、折叠、装配等),制造出新东西。教师在这些活动中,应当陪伴和引导儿童,提出一些问题或启发他们思考。学习和背诵含有数字的儿歌,可使儿童逐步形成有关大小、多少等数量概念。还可以引导儿童发现和建立简单的空间关系,使儿童了解自己所在空间的位置。也可以通过观察风景、空间、时间、季节和气候,使儿童对周围环境产生兴趣。让儿童观察生命的不同表现形式,了解动植物的生长、发育、繁殖、衰老和死亡过程,使他们对卫生和健康产生兴趣。

总之,幼儿学校就是通过多种多样的活动,使儿童身心得到正常的生长发育,学习他们力所能及的知识,发展他们的各种能力,逐步形成个性品质。

(三)教学组织

法国幼儿学校的教学活动一般按照年龄分班进行:2—4岁儿童为小班,4—5岁为中班,5—6岁为大班。所有儿童的教育活动都由幼儿学校的教学小组和教育小组共同负责。教学小组由教师(包括校长和教师)组成,其任务是负责实施服务于教育目的的教学活动。教育小组包括教师、保育员、儿童心理教育学辅助小组人员、家长和校医。以上所有人员都应关心和支持儿童的成长,而不论他们的年龄、性别、社会及文化背景如何。

法律规定,幼儿学校的校长和教师应由师范学校培养,并应取得相应的学业文凭。作为幼儿学校教师,必须"具有扎实的普通文化、关于不同活动领域的若干学科的知识以及教学能力"。

有关法令要求,教师要特别留心儿童,这是使儿童得到充分发展所需要的;教师应"尊重儿童开始出现的人格中的自由和个人的小秘密,支持儿童获得自由";帮助他们发展能力,调整感情,意识到自己与周围的人所维持的各种关系;教师必须认识到儿童的社会、道德和文化方面发展的重要性,促进其品格中社会与公民意识的形成;针对儿童学习方式的变化和多样化,幼儿教师必须受到特别的培训,他们应注意不要忽视那些影响儿童认知发展的诸种因素(运动机能、情感、社会环境与文化环境等);幼儿教师通过经常对儿童的了解,也可以丰富他们自己的职业实践和职业文化；同时，还必须对教师进行继续教育，以更新他们的基本知识，使其不断适应教学方面进行探索，以促进幼儿学校的改革与发展。

为了加强学前教育及其与小学教育的衔接，1990 年 9 月 6 日颁布的法令重新规定，幼儿学校的总目标是：开发儿童的各种潜能，提高他们的语言能力，通过审美、身体、灵巧等方面的培养和对公众生活的适应，使之形成个性，为接受小学教育并取得成功做好准备。新的法令将学前教育和小学教育作为一个整体，并把这两种教育分为 3 个相互关联的教学阶段：幼儿学校为起始阶段，幼儿学校的大班和小学一二年级为基础阶段，小学的后 3 个年级为加深阶段。每个阶段的教学条件应当适合本阶段儿童的特点，教师应经常对学生进行评估并向家长通报有关情况。根据规定，每个阶段均有全国统一的培养目标、课程计划和评估标准。学前教育与小学教育在教学上的交叉，将有利于学前儿童顺利进入小学。在阅读教学中，还将小学一年级与幼儿学校大班的儿童放在一起，让小学一年级学生"指导"幼儿阅读，发挥"小老师"的作用。

1995 年教育部评估与展望司在"1995—2004 年教育制度规划"报告中指出，到 2004 年，法国 2 岁的入学率将由目前的 35.4%增加到 38.8%，3 岁儿童的入学率到 2000 年将达到 100%（4—5 岁儿童入学率在 20 世纪 80 年代初已先期达到 100%）。随着对儿童早期智力开发的深入研究和学龄前儿童入学率的增长，人们对学前教育越来越重视。20 世纪 90 年代初，幼儿学校开始实施跨两校（幼儿学校和小学）的新教学组织形式，为的是加强儿童起始教育的连续性，协调对每一个儿童能力的评估。对于幼儿学校的教学，有的专家强调儿童在读与写的方面早期起始教育的必要性和重要性；另一些专家则认为，重要的是必须保证为儿童在社会认识和情感方面的发展打下基础，因而应当进行大量的各种类型的活动。两种学校及有关教师的相互联系，能够帮助儿童体验自己的能力，促进儿童在一种良好的条件下成功地进入小学。

第二节 小学教育

法国小学教育属于国家义务教育的基础阶段,即基础教育,招收 6—11 岁儿童,男女生合校。自第三共和国费里法颁布以来,法国基础教育一直实行"免费、世俗和义务"三项原则,义务教育年限一再延长。第三共和国时期规定 6—13 岁为义务教育阶段,1936 年 8 月 9 日法律将义务教育由 6—13 岁延长到 6—14 岁。第五共和国初期,1959 年 1 月 6 日法律将义务教育延长到 6—16 岁。1992 年 6 月 2 日教育部颁布的公告指出,对于具备接受小学教育能力的 5 岁儿童,经有关年级全体教师研究(包括儿童本身的条件及相应的接受方式),可提前入学,以增加小学入学制度的灵活性。

(一)战后的发展

法国现行小学教育体制是战后几经改革,到 20 世纪 70 年代确定下来的,学校教育的改革和发展以不断寻求更好的教育结构和新的教学方法为其特征。

1975 年,继 1959 年的结构改革之后,法国进行了一次较大规模的初、中等教育改革,重点是体制和教学内容,以实现普通教育的现代化。这次教育改革的原则是在时任教育部长阿比提出的"法国教育系统现代化建议"的基础上制定的,故称"阿比改革"。它的主要目标是,面对法国社会发展对于教育系统提出的新任务,更好地保证所有儿童受教育的机会均等,实施一种均衡的教育,承认技术与职业教育的价值,培养公民,建立学校共同体,[①]共同教育儿童。

当时规定,学校教育应促进儿童的充分发展,使他们能获得一种文化,并使儿童准备参与职业生活以及履行人和公民的责任。小学教育要按照国家统一的课程计划,在连续的 5 个年级进行。小学教育应该确保

---

① 法国中、小学实施教育民主化(教学、管理和财政)的一种形式。由地方、学校、家庭和学生等多方面参与,即一种由教育系统和社会系统更好结合的组织形式。

学生掌握为获得知识所必需的基本工具——口头和书面表达、阅读、算术;应促进学生智力、艺术感受力、手工劳动能力、体育运动能力诸方面都得到发展。同时,小学还应向学生传授造型艺术和音乐艺术的启蒙知识,并与家庭结合,确保儿童的道德教育和公民教育。法令规定,凡读完小学的学生,成绩合格者都能够取得初等学业证书,并有权升入初级中学。同时规定,小学每个班的人数不得超过 25 人。阿比法从 1977 年秋季开始实施,1980 年推广到各地小学。

1985 年,法国中小学教育又一次进行了较大的改革,其重点是改革教学课程。这次小学课程改革的目标是要使法国"拥有强有力的和高质量的小学,而且使完成小学学业者可以被认为已具备初步知识"。当时的教育部长舍韦内芒在谈到这次教学改革时说,小学的首要职能是传授每个小学生都应该系统掌握的各门学科的基础知识,这将使他们以后能够用自己的力量进一步得到发展。

1985 年秋季开学,小学的 5 个年级被划分为 3 个阶段:第 1 年为第 1 阶段,称预备班;第 2、3 年为第 2 阶段,称基础班;第 4、5 年为第 3 阶段,称中级班。同时,颁布了全国新的教学大纲。新大纲将原来小学的 5 门课程增加到 7 门课程,即法语、数学、历史和地理、艺术教育、体育运动、公民教育、科学与技术。这些课程的学习不是孤立的,它们应该使儿童得到一个完整的基础教育。

根据 1985 年 4 月 23 日教育部规定,小学各年级每学年上课时间为35—36 周,每周上课时间为 9 个半天,共 27 小时,下面是各年级课程表。(单位:小时)

	预备班 CP	基础班 CEⅠ CEⅡ	中级班 CMⅠ CMⅡ
法语	10	9　8	8
数学	6	6	6
科学与技术	2	2　3	3

	预备班 CP	基础班 CEⅠ CEⅡ	中级班 CMⅠ CMⅡ
历史与地理	1	2	2
公民教育	1	1	1
艺术教育： ——音乐 ——造型艺术	 1 1	 1 1	 1 1
体育运动	5	5	5

资料来源：Minstère de l'éducation natinale，Ecole élémentaire，Programmes et instructions.1985.P.20.

　　1985年大纲规定，法语作为母语，应使学生学会流利地阅读，正确地理解读物；学生要学会简朴、清晰和细心地书写，掌握简单的拼写规则；学会懂得和使用最基本的语法规则，如有可能，还应掌握一些常用的例子；语言学习要使学生学会正确的口头语言和书面语言，训练学生能够写一些简短的叙述文，以助于学习其他学科。

　　数学课的内容是：整数和四则运算；小数；主要的几何图形各自的特殊属性；比例；三率法（单比例）。数学课要注意提高学生的运算意识，发展其推理能力和简单的抽象思维能力。

　　科学与技术课应使学生掌握一些简单的天文学、物理学、化学、地理学和生物学的知识，使他们理解已经被证实的事实；学习人类史上工艺学方面的重大发明创造，以及了解如何装备简单的元器件和设备。特别要掌握有关信息文化中的一些基本知识。

　　历史课要让学生学会判断出自己在历史长河中所处的时代；能按照时间的记叙，以含意很广的方式再现法国以及欧洲史上重大的历史事件；了解这些事件的背景和它所产生的后果及影响。地理课教学要使学生学会初步阅读和评述法国地图、城市图、交通图、地势图、行政区划图和经济地图；同时对邻国的主要特征和欧洲在世界上的位置等也有所了解。

公民教育课应使学生熟记社会生活的基本准则；熟悉全国性和地方性机构，了解本国政治生活和社会生活中的一些真实情况，使学生们懂得自己不仅拥有国家法律所给予的权利，而且应对社会尽责任和义务，培养爱国主义的品质。

体育课应让学生初步体验自我实现和集体行动，使学生能在健壮与耐力、准确与敏捷、自我协调与同他人协调等方面得以平衡，促使其身心健康发展。还要使儿童懂得，体育运动中的大度并不排斥使人振奋的竞争，但要注意避免过早地使某些体育活动专业化。

艺术教育要让学生体验不同的艺术，通过欣赏音乐作品学会识别音阶，通过造型艺术学会一些基本创作技巧，并与使用材料和工具结合起来，发展表现和创造能力。

(二)20世纪90年代以来的新动向

1989年，法国颁布了教育方针法，它成为法国20世纪90年代一系列教育改革的重要指导文件。该法令在附加报告中指出，小学的基本目标是使儿童在读、写、算方面进行基础学习，扩展儿童的时空观念，使其进一步认识现代世界的事物和自己的身体，通过初步学习一门外语放眼世界。

1990年2月，教育部公布了"小学新政策"，阐述了小学教学改革的具体措施。

教育方针法规定，整个学校教育活动由若干阶段组成，每个阶段均有全国统一规定的逐年培养目标和课程计划及评估标准。将幼儿学校与小学统一划分为3个教学阶段，每个阶段3年。即起始阶段（C1）、基础阶段（C2）、加深阶段（C3）。原来的小学1、2年级和幼儿学校的大班合并为基础阶段，原小学基础班（第2年）和中级班合并为加深阶段。如下表所示：

学校	班级	阶段
幼儿学校	小班	C1
	中班	
	大班	
小　学	预备班	C2
	基础班（第 1 年）	
	基础班（第 2 年）	C3
	中级班（第 1 年）	
	中级班（第 2 年）	

资料来源：Anne Caboche，Apercu du système éducatif francais，CIEP.1992.P.25.

　　每周教学时数由原来的 27 小时减少到 26 小时。这样，每个学年可将多出的 36 小时用于教学小组的协调和研究学校计划（18 小时）、教学研讨（12 小时）以及学校理事会工作（6 小时）。新的教学时间按学科组分配，取代了原来按每门课程分配学时的传统做法，具体安排如下：

学科组	基础阶段（小时）	加深阶段（小时）
法语、史地、公民教育	9.5—12.5	8.5—12.5
数学、科学、工艺学	5.5—9.5	6.5—10.5
体育、音乐、造型艺术	6—8	6—8

资料来源：Anne Caboche，Apercu du système éducatif francais，CIEP.P.26.

　　以往各个教学阶段都是按年龄划定的，它要求每个年龄段的学生应具有相应的水平，即同班级的学生应是同质的。但是，学生的学习阶段不应完全是年龄的概念和招生结构的概念，而应是心理学和教育学上的现实事实。为了使学生能通过自己的活动获得知识并形成个性，保证学生之间的平等和学业成功，就需要更多地考虑每个儿童和青少年的心身发展，按每个学生的学习节奏组织教学。同新的教学阶段相应的是教学实施"调制时间表"。教学运行以3年为1个阶段。每个阶段内教学进程由教学小组加以协调。为保持各教学体系的协调,避免失控,各科教学内容和要求应参照全国教学大纲实行。对于某个阶段未达到要求的学生,可建议其再学习一年(不是留级);反之,对于知识掌握牢固,学习能力强,学习节奏较快的学生,可用2年时间完成3年的学业。

由于新的教学阶段在教学形式上超越了学生的学年界限,因此就要求教师的教学要以3年为一个阶段来设计。正如"教育方针法"规定的那样,"每个学习阶段的课程计划应就学生在本阶段必须掌握的基本知识和必须掌握的学习方法作出规定,教师应在全国统一的框架内按每个学生的学习节奏组织教学"。这就要求学校和教师应参照国家制定的阶段性目标和教学大纲,共同担负每个学生在学习过程中的协调工作。据调查表明,对于这一新的教学组织原则,大多数教师表示赞同,不过也存在不同程度的担心。因为这种非常个别化的教学方法,包括学生分组学习,教师分组教学,以及对学生新的评估要求等,许多教师感到尚未做好充分的准备,需要接受相关培训。"教育方针法"还指出,教师要负责学生的全部学校活动,包括课堂教学,指导学生小组学习,辅导学生个人学习,对学生进行评估;要帮助学生实现其学业定向的打算;还要负责与校外(家长、企业、文化社会团体、其他校外人士等)进行联系。教师是同一年级或同一教学阶段的学生的教学组成员,这就要求教师不仅要掌握本人教授的那一门或几门课程的内容和教学法,还应当了解获得知识的过程、集体学习的方法、评估方法及其环境。显然,这样做是提高了对教师的要求。

制定"学校计划"是当前法国学校教育改革的一项重要内容。各校制定的计划,应反映本单位落实国家规定的目标以及达到这些目标的战略部署的具体措施。1981年社会党执政不久,在一份初中教育改革文件中提出有关制订"学校计划"的意见。之后,"教育方针法"正式确定制订学校计划的做法。学校计划是一种"实施国家目标和教学大纲的特殊方式",它的制订不仅涉及学校本身(包括组织结构及运行、教学实践、各种人员及活动),而且还涉及学校环境(包括经济与社会背景)。对国家而言,学校计划是一种用来指导、管理国家教育资源的新方法,是法国教育中央集权体制逐步分权放权的标志,以加大学校办学的自主权。对学校而言,它是学校为达到国家规定的目标,根据本校的具体情况而确定的一个子目标、方法及手段的和谐总体。因此,学校计划要把学生置于教育系统中心的教育思想具体化,要很好地体现教育小组和教学小组成员的责任意识,充分调动学校、教师、学生、家长等各方面力量,使教育共同体形成强大的凝集力。另一方面,学校计划作为学校内部与地方教育网络的协调手段,还要协调与各有关方面之间的联系,包括同企业、社会团体的合作,与学区和省的继续培训计划的联系等等。因此,学校计划只有置于社会、文化和经济环境之中,才有可能完满地实现。学校计划是由学校共同体起草的,教学小组在教学方面起中心作用。计划起草后提交校委会征求意见,并最终确定本校计划。经校委会决定的本校计划应上报上级督学,审查该计划是否与国家目标、教学大纲以及该校师资情况相符。学校计划经上级审查符合要求后,付诸实施。除学校计划外,各校教学小组、教师和学生都要根据各自的情况,制订相应的"教学计划"。每个学生应在教师或教育顾问的帮助和指导下,依据自己的学习条件,制订出"个人计划"。总之,学校计划的制订和实施,是为了有助于学校办学的主动性和创造性,使之成为生机勃勃的有机体;促进教育者的责任意识,加强他们之间的合作;促进校内外的联系,让学校生活与社会发展紧密联系,帮助学生了解外部环境,以便今后能顺利踏入社会生活;同时也可以调动社会力量关心和支持教育,让教育真正成为"国家优先事业"。

1995 年 6 月,政府总理阿兰·朱佩在给教育部长弗朗索瓦·贝鲁的信中指示:小学要开始实施新的教学大纲,包括开设现代外语的入门教学,同时要制订有关教师培训计划和家长信息计划;关于学生学习节奏的实验应与各地行政机关密切协商,以保证学生享有均等的受教育机会。同年 7 月,法国议会通过了"教学大纲法",对初、中等教育改革作了一系列规定。初等教育方面规定有,从 1996 年秋季开学起,"教育优先区"内学校班级人数限定在 26 人以内,到 1997 年为 25 人以内;小学基础班(Ⅰ)和中级班(Ⅱ)试行新的教学大纲,内容以法语、指导学习、艺术和体育为重点;小学从基础班(Ⅰ)(以自愿为前提)到中级班(Ⅱ),每天学习 15 分钟外语,语种除原有的英语、德语、西班牙语和意大利语外,增设葡萄牙语;"指导学习"系每天用半小时,由教师辅导和指导学生学习。另外,教育部还选择了 5 个省 83 所小学的 348 个班级,借鉴美国的经验,对小学生进行科学入门教育实验,以实验和操作为重点内容。同时还决定,在 175 个教学条件好的地区的 10 万名小学生中,进行调整学习节奏的实验。总之,近年来法国小学教育在语言(母语和外语)和科学的教学方面,加大了改革力度,同时按照教育规律和每个儿童身心发展的特点,强调每个学生的学习节奏,加强"个性化"教学,力求使每个儿童根据自己的学习条件学习知识,培养能力。

第四章　中等教育

　　法国现行中等教育包括中等普通教育和中等职业技术教育。前者分初级中学和高级中学；后者有技术高中、职业高中和学徒培训中心。

　　法国中等教育历史悠久，12 世纪时，巴黎大学和教会学校周围出现了一些供师生留宿的"学校"。[①] 后来，这些学校逐渐得到自治，并拥有了专门的场所和固定的教师，进行教学活动。16 世纪，人文主义者办起了预备学校，为进入大学学习作准备。这一时期，教会也开始在巴黎及外省开办了属于中等教育范畴的"学院"。拿破仑执政时期，十分重视发展中等教育，开办了国立中学。这一名称是拿破仑借用原亚里士多德学派在雅典开办的学校的称谓，现今的法国高中就采用这种叫法。拿破仑时期设立的国立中学和市立中学，初步显现出包括初中和高中的中等教育，到 19 世纪后期逐步形成了以人文科学为主的古典中等教育系统。第三共和国费里教育改革后，随着义务教育制度的建立，特别是 19 世纪末开始的第二次工业革命，科学技术的迅速发展，使中等教育从学校机构到教学内容，都发生了较大的变化，使中学的理科教育得到加强。20 世纪初，法国进行过一次旨在加强现代化的较全面的中等教育改革。在课程设置方面，改变了以往以希腊文和拉丁文为主的"古典派中学"的做法，加强现代语言、数学、物理等学科的教学，奠定了法国现代中等教育的基础。

---

　　①　当时这种"学校"的法语称谓与后来教会开办的"学院"，以及现今的"初中"，都使用同一法语单词"collège"。

第二次世界大战之后,法国中等教育发生了根本的转变。在几次重要的教育改革之后,终于建立起现今的比较完整的中等教育体系。

1959 年,颁布了第五共和国戴高乐执政初期的一项重要教育立法,改组中等教育结构,组建 4 年制普通教育中学,将原有的技术中学和国立职业学校升格为技术高中,培养技术员;学徒中心改为技术教育中学,培养技术工人。该法令的颁布,是向着后来统一的中学迈进了一步,同时也将中等职业技术教育纳入了正规中等教育范畴,提高了它的地位。

1975 年教育改革是法国战后一次非常重要的改革,它涉及到学校结构、教学课程、教学关系等有关教育现代化的一系列基本问题。由于事关重大,改革也很艰难,法案经过长达 2 年的辩论后才得以通过。当时除颁布了"阿比法"外,还发布了几个与之相配套的中小学改革法规。1975 年改革第一次把初中确定为一个独立的教育阶段,学制 4 年。前两年规定为观察期,对全体学生实施共同基础教育;后两年定为指导期,在实施统一教学的同时开设部分选修课(包括职业教育课程)。高中阶段同时实施普通教育和职业技术教育。阿比法指出,应该把法国每一个年轻人在小学和初中要学习的公共基础知识课程看作是寻求机会均等的途径,体现人人受教育的意愿,以及对任何社会隔离的抵制。该法还指出,法国人技术能力的提高对于国民经济的发展确实是重要的,因此必须承认技术学业的教育价值,它在任何方面都具有与普通学业同样的地位,国家通过法律把职业技术教育摆在整个教育结构中应有的重要位置。阿比教育改革的重要意义在于,它是要真正促进法国普通教育的民主化,彻底改变法国中等教育的性质,实现教育的现代化。这里,人们再一次看到郎之万—瓦隆教改计划对于法国教育改革的重要影响。

第一节　初中教育

经过 1975 年教育改革,统一后的初中成为地方公共教育机构,属于义务教育阶段,实行免费教育(包括免费提供教科书),招收所有读完小学的 11—15 岁学生,不设入学考试。法国现有公立和私立初中 4 800 多所(其中私立初中 1 800 多所),在校学生人数 310 多万,教师 24 万多人。1985 年和 1989 年以后,根据社会经济的发展和帮助青年就业的需要,对中等教育的目标和教学内容进行了新的改革。

(一)1985 年的改革

1985 年颁布的教学大纲规定,从 1986 年秋季开学起,用 4 年时间,初中各年级实施新的大纲,到 1989 年,所有初中的课程改革全面实施。按大纲要求,初中学习的基础知识应按全国统一的课程计划讲授。该课程计划具有强制性,各地学校必须全面贯彻执行。1985 年大纲规定初中阶段学习的课程包括法语、数学、历史、地理、公民教育、现代外语、物理、工艺学、生物、地质科学技术、艺术教育、体育运动等 11 门必修课,另设第二外语等选修课,全体初中学生必须掌握必修课程的基础知识。具体要求如下:

法语　要求学生学会正确地进行口头表达和书面表达;学会理清短文的结构和衔接,对短文进行概述,并能理解和分析短文;初中阶段应至少学习 15 篇法国、法语地区或翻译上乘的外国文学作品。

数学　使数学实践,如作图、构图、解题、组织数据等内容在教学中占有更重要的地位,使初中获得的知识与高中具有连续性与累计性。

历史　学完初中课程的学生应能懂得当代世界的主要方面和重大问题;应熟悉各主要历史阶段和享有盛誉的文明;必须掌握自 16 世纪至今的政治史、经济史和文化史。在法国史中,特别应重点学习相继建立的法兰西共和国的历史知识。

地理　有限地学习本国地理;有能力识别世界各大洲,确定其位置,并进行描述;了解最主要的国家的自然地理、人文地理和经济地理,并具有理解当代世界所必不可少的经济学初步知识。

物理　初中阶段不再学习力学和热学,这些内容纳入高中学习范围。为使旧课程中难度过大的问题有所缓和,教学内容可另有删减。教师应在可能的范围内尽量借助实验帮助学生学习。

公民教育　通过这门新开设课程的学习,承认"作为法兰西共和国的基础,更广泛地说,作为整个民主的基础之社会准则";让学生了解法国宪法和国家机构的职责,掌握关于公共事业、世俗学校、国防和税收制度方面的知识,并对这些方面的合目的性加以思考;还应了解政治力量和社会力量,并能对舆论的形成和信息渠道进行思考。

现代外语　通过本阶段学习,使学生能用一门现代外语进行书面或口头的表达。

工艺学　初中阶段继续开设计算机课,并将这一学科视为一个特有的科学与工艺学领域。到三年级结束(即初中毕业)时,学生应知道微机和软件,并学会编制简单的程序。

生物、地质科学技术　这门课程取代原来的实验科学课。学完初中阶段的学生,应了解不同生物的习性和生命的特有功能之表现,了解岩石的性质与风景之间的联系,以及法国地质的主要发展阶段。

艺术教育　应使学生了解某些造型技术,掌握简单的工具,不仅会识别、欣赏和比较音乐作品、造型作品,还会识别、欣赏和比较戏剧、电影、录像、摄影作品和建筑艺术。

体育运动　本课应真正实施区别教学法,减少一些要求所有学生都达到的标准,鼓励发展学生个人的体能和技巧,让他们多出一些成就。

除以上 11 门课程外,还设置了 6 个跨学科的主题活动,内容有消费、发展、环境与遗产、信息、安全、生命与健康。这些主题活动不是特定的学科,但初中阶段应当有所涉及。主题活动的信息由学校校长组织,校外机构和校外人士可以参与。形式可多种多样,如举行活动日、报告会、展览会、学生活动、调查、参观等。通过开展这些主题活动,不仅增加学生的知识,还要让学生了解人类发展和现实社会生活中的一些重大问题。

初中各年级周学时安排(单位:小时)

	六年级	五年级	四年级	三年级
法语	4.5	4.5	4.5	4.5
数学	3	3	3	3
第一现代外语	3	3	3	3
历史—地理—经济	2.5	2.5	2.5	2.5
公民教育	1	1	1	1
生物—地质	1.5	1.5	1.5	1.5
物理	—	—	2	2
艺术教育	2	2	2	2
工艺学	2	2	1.5	1.5
体育运动	3	3		3
选修课程(至少一门):				
拉丁语	—		3	3
希腊语			3	3
第二外语			3	3
第一外语强化			2	2

资料来源:Anne Caboche,Apercu du système éducatij francais.CIEP.1992.P.155—157.

作为"中间环节",初中教学计划注意保持与小学的连续性,并使学生能在高中学习阶段继续受益。初中阶段,学生由儿童成为少年。这一时期,学校必须帮助他们比较顺利地通过一个个阶段,使之能够成为参与学校生活和社会生活的人。因此,除以上各学科的具体目标之外,还应使学生达到更重要的 3 个共同的目标,这就是发展逻辑思维,掌握三艺(口头语言、书面语言和图像),掌握个人学习方法并养成相应习惯。

首先,学校和教师应帮助学生逐步学会观察现实,分析思想和概念,以形成推理去组织思考,进行有说服力的辩论。通过逻辑思维使学生自己思考并作出判断,以形成自己的看法,不至于人云亦云或者只会简单地说"对"或"不对","是"或"不是"。所谓发展逻辑思维,就是让学生学会在任何领域都应该求助于原则,按一定的程序和规律办事。通过算法分析的准确性和严谨性的学习,使信息学和其他各门学科综合在一起,可促进逻辑思维的发展。还应让学生养成分析和独立判断的习惯,以适应复杂且不断变化的世界,更好地认识当今社会特有的变化,从而积极地介入这些变化。

其次,学习掌握口头语言、书面语言和图像这 3 种表达和交流方式。这些在当今社会活动中,显得越来越重要。人们正确的思想有赖于交流与对话,这就需要深入地与他人接触。因此,应当教给学生如何正确地表达自己的思想,很好地与别人交往。书面表达与严谨的思维是密不可分的,这就要求各学科都必须使用正确的语言,注意拼写,努力扩大词汇量。要让学生接触各种不同的书写形式,以锻炼自己的文字表达能力。在当今现代人的生活中,存在大量的图像,各种各样的传媒技术得到前所未有的发展,图像更是成为一种无法替代的文化工具和文化用品。同人们进行口头和书面表达形式一样,图像可以通过各种方式帮助人们交流,传递信息。因此,教学中应当注意图像在文化中的存在,初中生应学习接收、分析和评论传递给他的图像。各学科教师都要帮助学生很好地理解图像的性质、作用、依托和形式，观察图像，鉴别其意义，并按使用性质(资料、艺术、广告等)研究其编码，逐步使学生不是单纯被动地接收，而是清醒地、批判地吸收图像。初中阶段应该让学生参与视听材料的剪辑和拍摄，让他们逐步将图像作为一种经常的表达手段，同时更好地理解世界上和现实生活中各种活动的符号的运行，培养学生独立思考能力和批判能力。

再次，使学生学会自己单独工作和与人合作，既独立自主又有责任感。课堂学习和课外作业都是个人工作。重要的是通过这些个人活动，学生能在不同的背景下使用智力工具，学习并阐明一种做法，提出对其他学科的参考，包括提出书目，利用资料和数据库，发现有关的信息。这样，学生就会懂得，仅仅积累信息还不够，还应组织起自己的知识，学会工作方法，从而具有研究的兴趣和条理性，使自己能独立并有创造性去完成各种工作。

毫无疑问，要达到以上目标，就要有严格和现代化的教育方案，使学生的智力活动具有严密性，培养他们的责任感和团结一致的精神。

(二)20世纪90年代的改革

一个时期以来，初中教育被视为法国教育系统中的薄弱环节，并以学生学业失败较严重而为社会所关注。为了能让所有初中生都能完成初中的学业任务，以达到2000年时同学龄组80％的人获得高中毕业水平，另外20％的人至少达到职业能力证书或职业学习证书的水平(即5级就业资格)的总体目标。1990年3月，教育部决定在初中最后两年的方向指导阶段开设技术班，它们分别称为4年级技术班和3年级技术班。

决定指出，技术教育应具有多功能，它不仅有助于学生当前学业的成功，同时还可以开发学习所必需的能力，传授职业和技术方面的技能。技术班的特点是加大技术教育的比重，主要涉及工业、生物与社会、第三产业这3个领域。每个领域的教学除安排专门的知识和技能外，同时也兼顾其他两个领域。这个决定还要求，为了保证教学的成功，必须组织教师之间及师生之间的合作，制订好教学计划。这个教学计划还应结合一般的活动教学法（了解学生的困难，明确他们应提出和解决的问题、应掌握的知识、应制订并实现的计划）和工业计划（按时按要求完成任务）二者的特点，注意开发学生在自主、判断与批评、社会交往、按要求完成任务等方面的能力，培养他们一般的读、写、算技能和某种特定技能，并把这一要求贯穿于所有科目及教学的始终。技术班的教学计划不按一般的周学时安排，只规定在这两年组成的阶段中每个部分的总量。决定要求有关学校的所有教师都能参加技术班的教育教学工作，而不一定再专门安排教师。不久，教育部再次强调，初中技术班的整个教学计划要以技术为核心和汇合点，体现多学科和跨学科的教学特点，保持与初中前两年的连续性，以培养学生多种能力为目标；教学计划不能有过多的职业性，以便为学生以后在普通、技术、职业3类高中及各类学校中不同的方向和专业之间进行选择保留更多的余地；计划应体现综合技术的特点，不能只局限于某一种技术，也不能局限于技术的一个方面。为了使技术班的工作收到成效，教育部提出，暂时不具备相应条件的学校必须设法解决有关问题；作为过渡阶段，职业高中可通过协议承担部分教学；初中应积极创造条件，逐步独立开展这两个年级技术班的教学任务；各学区应安排自愿担任这一教学任务的职业高中教师进行适当培训。初中3、4年级技术班从1993—1994学年开始兴办，1996年两个班级的学生都已超过本年级学生人数的10%。

　　竞选时，当时任总统的雅克·希拉克就教育问题提出了三条原则和一个办法。三条原则是：同学业失败作斗争，恢复机会均等；开放教育制度，使教育界人士负起责任；增加学生学业成功的途径。一个办法是：就学校问题举行"全民公决"。希拉克指出，"我希望学校能够给每一个儿童掌握基础知识和发挥其才能的机会，而不论他们的家庭和社会出身如何"。1996年3月，法国教育改革全国咨询委员会主席罗歇·富鲁在谈到当前法国教育改革时指出,改革教育体制已成为国家必须优先解决的一项紧迫任务。现行教育制度最大的问题,是普遍存在着的学生学业上的失败。现在,在进入初中的学生中,每 7 个人就有 1 个不能正确地掌握阅读知识;每 4 人中就有 1 人不会进行运算;中学阶段(初中、高中)每 5 个学生中就有 3 人留过级。国民教育部评估与展望司近年调查表明,初中的"困难生"为 1/4,其中 6 年级的"特困生"为 10.5%,这些学生进入初中的年龄一般比正常情况(11 岁)要晚 1 至 2 年,法语和数学成绩差;"中等困难学生"为 14%,这些学生一般都要用 3 年时间才能达到"观察期"(2 年)规定的学习目标。据调查,学生困难大多与家境及文化背景有关,其中 56% 的困难生的家长是工人或普通职员,而出身于高级职员家庭的困难生仅为 4%。因此,改进初中阶段的教学,改变学生学业失败的现实,已成为初中教育改革一个十分紧迫的问题。

1993 年 11 月,教育部发表了题为《为了大家的初中》的白皮书。这个长达 45 页的报告在指出当前初中教育存在的问题的同时,围绕初中阶段的任务、学生、环境、学校、学习节奏、教师、课程和教学法、班级、方向指导等 9 个主题,提出了 40 条建议,并广泛征求师生、家长以及社会各界的意见。1994 年初,前总理爱德华·巴拉迪尔(1929—)针对反对修改"法鲁法"局面,提出了"为学校建立新合同"的思想。随即,教育部长贝鲁与有关各方,特别是工会组织进行了协商,提出了"关于学校的 155 条建议"。其内容广泛涉及从幼儿学校直到高中毕业的整个普通教育,提出应进一步明确任务,加强学科之间、学校之间的协调。在此基础上,当年 6 月,教育部提出了"学校新合同",建设一个为了所有人的初中的新学校观,并以此为契机改革初中教育。1994—1995 年度,经学区长和学区督学推荐,教育部批准,300 多所学校开始改革实验,同时进行评估。1995—1996 年度,再有 600 所学校参加教改实验。计划用 3—4 年的时间在全国推广。

经过 1 年多的讨论和教学实验,1995 年 7 月议会通过了由全国教学大纲委员会提交的"教学大纲法"。新大纲不赞成学校进行"百科全书式"的教学;主张依据"155条建议"的精神,中小学教学应当简化内容,突出重点,让每一个接受完义务教育的青少年具备必不可少的基础知识和能力。它们包括法语(包括在键盘上输入法语),四则运算和比例,分析简单系统和组织信息,伦理价值的实际启蒙,体育,扩展视野和适应环境的能力,批判精神和解决问题的能力,交际能力,认识当今世界和社会的能力,表达自己的判断和完成任务的能力。

参加教改实验的初中将原来的两个阶段(观察阶段和定向阶段)改为实行3阶段教学制,第一年为"观察阶段",第二三年为"加深阶段",第四年为"方向指导阶段"。这3个阶段的教学,力求适合学生的希望和能力,帮助在常规情况下有可能被淘汰的"困难学生"完成学业。

初中第一年的法语课每周学习时间,由原来的4.5小时增加到6小时,体育课由3小时增加到4小时;全年级学生每周安排2小时"自习",同时为困难学生安排"有指导的学习"时间。加强学习方法指导,让学生"学会学习"。对于"特困生"给予特殊帮助,学校在一定的时间给他们以"教学支持",开办小班,调整课时,按照学生学习节奏的差别,可用2年时间完成1年的学习任务。

第二年可开设选修课(拉丁语),并通过上述新的教学组织为学生提供不同的发展途径。从第三年(1997—1998)开始,所有学生都要学习第二外语,另外再从古希腊语、实验科学、工艺学中选修一门,同时提供职业信息并加以指导。在教师教育小组积极参与的基础上,学校实行新的信息和方向指导方法,帮助学生掌握基础知识。新大纲强调学生的公民教育。这种公民教育应建立在国家法律、经济和社会的现实基础之上,建立在欧洲和国际生活的现实基础之上。

1995年,国家专门设立了1亿法郎的初中生社会基金,用于支持初中教育改革。1994—1995年度,经学区长和学区督学推荐,教育部批准,有368所初中自愿参加新大纲的教学改革实验。一年后评估改革效果。

1995—1996 年度,又有 600 多所初中参加改革。

第二节　普通高中教育

法国普通高中作为传统的学术性中等教育机构,以其历史悠久,高水平的教学和严格的高中毕业会考而享誉国内外,法国人也引以为骄傲。前教育部长舍韦内芒曾在《明天的高中:重大的方针与决定》的报告中指出,为了满足国家的需要,到 2000 年,共和国应使达到高中毕业水平者的比例提高到占同龄组的 80%,让这些学生受到既是大众的又是高质量的教育,以"培养出我国历史上最有造诣的一代人",他们将对国家的现代化产生非常有益的影响。

法国现有各类高中共 2300 多所,其中私立高中 1200 多所。20 世纪 80 年代末,高中毕业会考合格率达 70% 左右。在 1994、1995 和 1996 年,高中毕业会考的合格率连续三年超过 70%,分别达 73.4%、75% 和 76%。

1989 年教育方针法规定高中教育的目标是,"使每个青年实现其个人定向打算,通过不同途径确保学生获得能使之继续学习和进入优质的职业生活、社会生活的坚实的普通教育;培养学生具有个人工作能力、推理和判断能力、交流能力、集体工作能力、承担责任的能力;组织彼此既有区别,但通过某些渠道又有联系的普通教育、技术教育或职业教育,以使绝大多数的学生能够取得成功和进入职业生活或接受高等教育"。

高中是中等教育的第二阶段,普通高中学制 3 年。第一年(即 2 年级)是义务教育的最后一年,开设共同基础课程,不分科;后两年(即 1 年级和结业班)实行分科教学。1986 年高中教学大纲规定,普通高中 1 年级和结业班分为五科:A(文学—哲学);B(经济—社会科学);C(数学—物理);D(数学—自然科学);E(数学—技术)。其中 C 科学生被认为是最优秀的学生,也是大学校预备班的主要生源。1990 年,全国教学大纲委员会根据"教育方针法"的精神,提出了普通高中新的教学大纲。新大纲对于将原来高中后两年的分科作了较大的调整,将原有的五科划分为三大科,即 L(文学)、ES(经济与社会)、S(科学)。同时,规定了新的教学课程和教学时数,具体如下。

高中 2 年级教学课程和周学时表(单位:小时)

	开学至秋季假期	11月至学年结束(另加选修两门)		
法语	3.5+(1.5)①	5	应用系统技术(生产自动化入门)0+3①	
数学	1+(3.5)①	2.5+(1.5)①	经济、社会和管理基础知识 1.5+1.5①	选修两门
物理—化学	1+(3.5)①	2+(1.5)①	拉丁语3	
生物—地质	0.5+(1.5)①	0.5+(1.5)①	希腊语3	
现代语言Ⅰ	3	3	现代语言Ⅱ3	
历史—地理	4	4	现代语言Ⅲ或原籍语言文化或地方方言3	
体育	3	3	艺术3	

①括号内为分组教学时间。

高中 1 年级和结业班的三类学科组每周教学安排文学类(L 类)

		1 年级	结业班	会考评分系数
必修科目	法语	5(小时)	—	5
	哲学	—	8(小时)	7
	文学	—	2	2
	现代语言Ⅰ	4	3	4
	历史—地理	4	4	4
	科学教育①	4	2	2
	现代语言Ⅱ：	3	3	4
	或拉丁语	4	3	4
	或希腊语	4	3	4
	或艺术②	4	4	6
	体育	2	2	2
	课程模块(法语 1 小时和有指导的学校创造活动 1 小时，	2	—	—
专修科目	现代语言③	—	3	4
	或希腊语	—	3	4
	或拉丁语	—	3	4
	或数学	—	4	4
	或现代语言Ⅱ	—	3	4
选修科目	现代语言Ⅱ	3	3	—
	现代语言Ⅲ	3	3	—
	古希腊语	3	3	—
	数学	4	—	—
	艺术:艺术实践或艺术史	3	3	—
	造型艺术:电影—视听;音乐或戏剧	3	3	—

①生命科学和地球科学;物理—化学。

②造型艺术：电影—视听；音乐；戏剧表演或艺术史。

③现代语言强化：现代语言Ⅱ或Ⅲ，也可以是一种地方方言。

经济与社会类(ES类)

		1年级	结业班	评分系数
必修科目	经济科学与社会科学	5(小时)	5(小时)	7
	经济与社会科学的数学应用	3	4	5
	历史—地理	4	4	5
	法语	4	—	4
	哲学	—	4	4
	现代语言Ⅰ	3	3	3
	现代语言Ⅱ或地方方言 　　　　或古典语言	3	3	3
	课程模块(经济与社会科学1小时和有指导的创造活动1小时)	2	—	—
专修科目	经济科学与社会科学	—	2	2
	或应用数学	—	2	2
	或现代语言强化		2	2
选修科目	应用数学	2	—	—
	文学	—	2	—
	科学教育①	4	2	—
	现代语言Ⅱ	—	—	—
	现代语言Ⅲ	3	3	—
	拉丁语	3	3	—
	古希腊语	3	3	—
	艺术：艺术实践与艺术史	3	3	—
	造型艺术：电影—视听； 　　　音乐或戏剧	3	3	—

①生命科学与地球科学；数学；物理—化学。

科学类（S类）

		1年级	结业班	评分系数
必修科目	数学	5（小时）	6（小时）	7
	物理—化学	4	5	6
	生命科学与地球科学	3	3	6
	或工业技术	8	8	9
	或生物—生态学	5	5	7
	法语	4	—	4
	哲学	—	4	3
	现代语言Ⅰ	3	3	3
	历史—地理	3	3	3
	体育	2	2	—
	课程模块（数学1小时和有指导的创造活动1小时）	2	—	
专修科目	数学	—	2	—
	或物理—化学	—	2	
	或生命科学和地球科学	—	2	
	或生物—生态学	—	3	
选修科目	实验科学	3	—	—
	工业技术	3	3	—
	农业与环境	3		
	现代语言Ⅱ	3	3	
	现代语言Ⅲ	3	3	
	拉丁语	3	3	
	古希腊语	3	3	
	艺术:艺术实践与艺术史	3	3	
	造型艺术:电影—视听;	3	3	
	音乐—戏剧	3	3	

高中新的教学大纲主要考虑到科学进步和社会发展的需要，而不是无限度地堆砌知识。它注重学生基本思维能力的培养和学习技能及方法的传授，减少了课表上的授课时间（每周平均减少 1 至 2 小时），努力提高知识传授的效率，同时加强选修课、小组教学和个别教学。它力求减少和避免基本知识的重复，加强了各学科内部及各年级每一学科之间的纵向衔接和横向联系，寻求它们的结合与平衡，减少理论与技术、理论与应用之间的对立，将技术整合到各教学阶段的基本教育之中。总之，新的教学大纲的主要目的，就是通过基础知识的教学和思维能力的培养，理论与实践的结合以及灵活多样的教学形式，使最大多数学生能够在学业上取得成功，顺利进入职业生活或继续接受高等教育。

第三节　中等职业技术教育

一般认为，法国的职业技术教育的形成始于高等教育阶段，因为工程师学校的创办（18 世纪）要比工人职业培训班（1919）早得多。但在过去很长时期里，法国技术教育的各个阶段都有其特定的目标，工程师学校可以说只是为工商业资产阶级子弟从事管理和发展工商业作准备的，它实施的是英才教育；而职业培训班则是旨在形成工人和职员的"坚强的核心"，它只能是民众教育，生源始终主要来自民众阶层。同普通教育一样，职业技术教育领域中也存在着双轨制结构。从这层意义上讲，法国从来就没有形成过自上而下的职业技术教育系统。战后，特别是 20 世纪 60 年代以来，由于经济建设的需要，熟练工人大幅度增加，职业技术教育发展，接受过中等职业技术教育的学生进入短期高等技术教育和某些工程师学校的机会增加，但双轨制结构仍然存在。

法国中等职业技术教育机构包括技术高中、职业高中和学徒培训中心。为了进行经济规划和统计管理，20 世纪 60 年代，教育部就整个普通教育与职业教育制定了毕业的级别,现在它共分为 6 级:博士学位、大学本科文凭和工程师文凭为 1、2 级就业资格,两年制高等技术教育毕业文凭为 3 级就业资格,普通高中和技术高中毕业会考证书为 4 级就业资格,普通初中证书和职业教育证书为 5 级就业资格,完成义务教育阶段学业为 6 级就业资格。农业职业技术教育由农业部负责实施,其教学组织形式类似教育部的职业技术教育,可分别授予农业职业能力证书、农业职业教育证书、农业技术员证书和农业高级技术员证书。

(一)技术高中

同其他发达国家相比,法国的技术教育与职业教育,无论在学校设置和学制方面,还是在教学与水平方面,都有着明显的区别。技术高中学制 3 年,属于长期高中。目标是培养技术员,同时为高等技术教育院校输送新生。许多高中既设普通科也设技术科,称"普通与技术高中"。1994、1995 和 1996 年 3 年中,技术高中毕业会考合格率分别达到 71%、75.8% 和 78.4%。

技术高中毕业会考制度是 1968 年建立的,考试分为 F(工业、社会医学和应用艺术)、G(经济、管理与商业)、H(信息技术)3 类,与技术高中的教学分科相对应。1990 年颁布了新的教学大纲,对技术高中的教学内容及毕业会考分类作出新的规定,将原来的 3 类考试科目改为 4 类,它们是:科学与第三产业技术类(STT);科学与工业技术类(STI);科学与实验室技术类(STL)、医学—社会科学类(SMS)。各类学科教学大纲内容如下(周学时)。

科学与第三产业技术类（STT 类）

科目	经营 1年级	会计与经营 结业班	评分系数	信息与经营 结业班	评分系数	管理与商业行为 1年级	行为与管理往来 结业班	评分系数	行为与商业往来 结业班	评分系数
必修科目										
经济—法律	5	6	8	6	8	5	6	8	6	8
经营与信息	5	—	—	9	8+6①	4	—	—	—	—
往来与组织	4	—	—	—	—	5	—	—	—	—
法语	3	—	3	—	3	3	—	4	—	4
数学	3	3	4	3	4	3	2	2	2	2
哲学	—	2	2	2	2	—	2	2	2	2
现代语言Ⅰ	2	2	2	2	2	3	3	3	3	3
现代语言Ⅱ	3	3	2	2	2	3	2	2	2	2
历史—地理	2	2	2	2	2	2	2	2	2	2
体育	2	2	2	2	2	2	2	2	2	2
课程模块(法语和数学1小时,有指导创造活动1小时)	2	—	—	—	—	2	—	—	—	—
会计与经营		9	8+6①				—	—	—	—
行为与行政往来		—	—				9	8+6①	—	—
行为与商业往来		—	—				—	—	9	8+6①
选修科目										
职业界活动	2	2	—	2	—	2	2	—	2	—
经营与信息							2	—	2	—
往来与组织		2		2						
快速发言		3		3			3		3	

①实践考核。

科学与工业技术类(STI 类)(1)

科目	机械工业 1年级	结业班	评分系数	电子工业 1年级	结业班	评分系数	电机技术工业 1年级	结业班	评分系数
必修科目：		(小时)			(小时)			(小时)	
制造研究	7	7.5	8	5	4.5	9	5	4.5	6
工业技术系统研究	10	11	9	8	10	8	9	12	6
物理与应用物理	3	4	5	7	8	5	6	6	7
数学	3	4	4	3	4	4	3	4	4
法语	3	—	3	3	—	3	3	—	3
哲学	—	2	2	—	2	2	—	2	2
历史—地理	2	—	1	2	—	1	2	—	1
现代语言Ⅰ	2	2	2	2	2	2	2	2	2
体育	2	2	2	2	2	2	2	2	2
课程模块(数学1小时和有指导创造活动1小时)	2			2			2		
选修科目：									
现代语言Ⅱ	2	2	—	2	2	—	2	2	—

科学与工业技术类(STI类)(2)

科目 \ 专业与学时	民用工程			能源工程			材料工程		
	1年级	结业班	评分系数	1年级	结业班	评分系数	1年级	结业班	评分系数
必修科目:		(小时)			(小时)			(小时)	
制造研究	7	7.5	8	5	5.5	8	7	7.5	8
工业技术系统研究	10	11	9	12	13	9	10	11	9
物理与应用物理	3	4	5	3	4	5	3	4	5
数学	3	4	5	3	4	5	3	4	5
法语	3	—	3	3	—	3	3	—	3
哲学	—	2	2	—	2	2	—	2	2
历史—地理	2	—	1	2	—	1	2	—	1
现代语言	2	2	2	2	2	2	2	2	2
体育	2	2	2	2	2	2	2	2	2
课程模块(数学1小时和有指导创造活动1小时)	2			2			2		
选修科目:									
现代语言Ⅱ	2	2	—	2	2	—	2	2	—

　　科学与实验室类(STL类)分为3个专业方向,即实验室与工业物理,实验室与工业化学,生物化学—生物工程。这3个专业除各自的专业课之外,还设有共同必修课。课程科目即学时安排如下:

科学与实验室类(STL类)的共同必修课表(周学时)

课程科目	1年级	结业班	评分系数
数学	3(小时)	2—4(小时)	2—4①
法语	3	—	3
现代语言Ⅰ	2	2	2
体育	2	2	2
哲学	—	2	2
历史—地理	2	—	1
课程模块(数学1小时有指导创造活动1小时)	2		
选修课程:			
现代语言Ⅱ	2	2	—

①生物化学—生物工程方向的评分系数为2。

实验室与工业物理专业课程安排(周学时)

课程科目	1年级(小时)	结业班(小时)	评分系数
物理:力学、热学、射流技术	3	3	
电学	5	6.5	
测定与自动化	2	2	
应用化学	2	2	
光学与物理—化学	6	6	
或调节与控制			
必考科目:			
物理—化学—电学			10
实验室操作			6
调节与控制或光学			8
与物理—化学			

实验室与工业化学专业课程安排(周学时)

课程科目	1年级(小时)	结业班(小时)	评分系数
物理	2	2	
化学	4	5	
物理实验课	2	2	
化学实验课	7 或 8	5	
工艺与化学工程	3	7.5	
必考科目:			
物理—化学			7
化学工程			8
实验室技术			7

生物化学—生物工程专业课程安排(周学时)

课程科目	1年级(小时)	结业班(小时)	评分系数
生物化学	7	7	
微生物学	5	6	
人类生物学	—	5.5	
物理学	7	6	
必考科目:			
物理学			4
生物化学—生物学			5
生物化学与生物工艺			12

医学—社会科学类(SMS类)

课程科目	1年级(小时)	结业班(小时)	评分系数
必修科目:	5	5	9
卫生与社会—经济科学	5	4.5	8
健康与社会行为交往	4	4	
人类生物学	—	2	
病理生理学与医学术语	—	3	2
哲学	3	—	3
法语	2.5	2	2
物理			

课程科目	1年级(小时)	结业班(小时)	评分系数
数学	3	2	2
现代语言Ⅰ	2	2	2
历史—地理	2	—	1
经济	—	2	
体育	2	2	2
教学模块(法语1小时和有指导创造活动1小时)	2	—	2
指定选修科目: 卫生与社会部门或办公自动化考试预备课程	—	2	
选修科目: 现代语言Ⅱ	2	2	—
办公自动化		2	
快速发言	—	3	

由农业部组织实施的农业职业技术教育主要有两类,一类是农业食品科学技术(STPA),另一类是农艺与环境科学技术(STAE),其教学安排不再赘述。

1992—1993年度,高中毕业会考制度开始改革,高中的教学组织和教学大纲也进行了相应的调整。原来的8大类学科(A、B、C、D、E、F、G、H)的26个专业系列改为7类学科,它们是:文学(L)、科学(S)、经济与社会(ES)、工业科学与技术(STI)、实验室科学与技术(STL)、第三产业科学与技术(STT)、医学—社会科学(SMS)。前三科属普通高中,后四科属技术高中。学生可以根据自己的兴趣和今后的打算选择不同的学科类别和专业方向。如,普通高中的三类学科又分文学—数学、文学—外语、文学—艺术;经济与数学、经济与外语;数学、物理、生命科学与地球科学、工艺学等专业方向。从上面一系列表格可以看出,每个具体方向都有一门"专业课",这些课程课时多,考试评分加权的系数也大。教学方面的改革特别强调对学生进行科学的、有针对性的方向指导,力求使每个学生都能找到适合自己的方向,并明了具体的要求和方法。同时,也要求在对学生进行实事求是评估的基础上,对不同情况的学生分别对待,加强小组教学和个别辅导,帮助那些有困难的学生解决那些课堂上不能解决的问题。新的课程安排减少了数学课的分量,限制数学以往在各科中的垄断地位,以减轻学生负担。在按照新的高中毕业会考制度组织的 1995 年和 1996 年会考中,技术高中合格率为 75.8%—78.4%。可以说,高中教学改革初步取得一些成效。但是,这离"教育方针法"规定的目标还有一段距离,特别是目前法国国内就业形势严峻,在如何让学校的教学适应社会和市场的需要,有利于学生就业方面,还有很多工作要做,改革还要继续深入。

(二)职业高中

法国职业高中原属短期职业技术教育,于 1975 年在前技术教育初中阶段基础上升格而成。学制有 2 年和 3 年两种,发放职业能力证书(CAP)和职业学习证书(BEP)。1985 年开始设置职业高中毕业会考制,授予相应的职业高中毕业证书。这一证书与普通高中的毕业证书和技术高中的技术员证书等值。职业高中毕业会考自设立以来,参试人数发展很快。1987 年第一次有 880 人取得职业高中毕业证书,到 1995 年增加到 63 719 人,10 年内增长 72 倍。会考合格率达到 73%(1995)。职业高中发展较快的主要原因是,取得职高毕业证书者能较快找到工作,6 个月以内就业者达 90%。

职业高中的专业涉及工业、第三产业、农业—食品工业以及手工—

艺术四大类的 36 种。教学内容包括普通教学和职业技术教学两方面。普通教学的课程设置有法语、数学、历史、地理、现代语言等;周学时为 8 小时。职业教学的课程设置有应用科学技术、经济等;周学时为 18 小时。另外,还有手工—应用艺术课程 2 小时,体育 3 小时。两年内,学生要到企业实习 16—27 周。下面以职业教育证书旅馆业系列教学安排(周学时)为例。

科目	2 年级	1 年级	结业班	评分系数
法语	4	3	—	3
哲学	—	—	2	2
现代语言 Ⅰ	3	3	3	3
现代语言 Ⅱ	3	3	3	3
历史—地理	3			
历史—地理与旅游	—	2	2	2
经济与法律	2	—	—	—
普通经济与旅游—法律	—	2	2	2
旅游管理	—	4	4	5
数学	3	2	2	2
应用科学与技术	2	2	3	4
烹饪技术与方法	3.5	4	4	3
服务与商业化	3.5	4	4	3
接待方法与职业交际	3	3	3	3
企业培训	8(周)	8(周)	—	1
体育	2	2	2	1

1990 年职业高中改革,将取得职业能力证书和职业教育证书的学习时间一并改为 2 年,并逐步过渡到前者不再招收未完成初中学业者。职业能力证书的培养目标是某种职业的熟练工人和职员,课程设置比较专业,目的是让学生取得证书后能直接就业,现有 200 多个专业。职业学习证书的目标是培养能够从事某一类职业的熟练工人和职员,如旅馆业、公共工程建筑业、金属结构等,取得证书后可以进入职业高中或技术高中学习,考取职业高中毕业证书或技术员证书,以 4 级资格就业。

每年大约有 30% 的初中毕业生进入职业高中,尽管他们中间相当一部分并不想上职业高中。一般说来,上职高的学生年龄偏大(17—20岁),许多人在初中,甚至小学都留过级,而且大多数职高学生的家庭和社会文化背景都不太好。据 1994 年有关调查,在职业高中准备职业能力证书的学生中,工人子女占 45%,有些省份这一比例达到 55%。另外,从理论上讲,职业高中毕业证书与普通高中毕业证书和技术高中技术员证书具有同等价值,但实际上前者与后两者存在较大的差别,特别是职业高中毕业生进入高等教育的成功率很低。

(三)学徒培训中心

学徒培训中心是法国中等职业技术教育机构之一。它始创于 19 世纪初,20 世纪初开始规范,战后得到进一步的发展,并形成制度。现有公立和私立学徒培训中心 500 多个,其中有些中心设立在职业高中内,还有一些培训中心是由大型企业(国营铁路公司等)和工商会、职业联合会开办的,在校培训人数达 23 万多。

学徒培训中心招收 16—25 岁的青年。一般来说,这些青年不愿意继续在普通学校学习,而希望通过某种培训后就业。培训期为 1—3 年。凡受完义务教育的青年,想进入学徒培训中心接受培训,可以通过某个中介机构,如职业联合会、农业商会、各地工商会等,找到愿意接收学徒的师傅(雇佣者),双方签订合同。合同上写明双方的权利和义务,包括培训期限,师傅应付学徒的工资数额等。学徒在培训期间为师傅工作,同时在一个学徒培训中心注册,以便参加该中心的培训和培训期满后的考试。根据国家有关法律,学徒在接受培训期间,师傅应按学徒不同的年龄和培训年限,按国家规定的最低工资标准(SMIC)付给工资。17岁以下,第1年应付SMIC的25％,第2年增加到37％,第3年为53％。18—25岁的青年学徒,3年内的最低工资为SMIC的37％、49％和61％。21岁以上的学徒,3年内最低工资分别为SMIC的53％、65％和78％。合同签订后2个月内,师徒双方视其情况,或按合同规定履行实施,或取消合同。

学徒培训中心的专业划分按行业十分具体,主要涉及第二三产业,如肉类加工、面包师、细木工、速记员、照相与制图、医疗与社会服务等。学徒培训中心的理论文化课和技术实践课规定为每年400小时,教学可根据情况每周安排2至3次,实习和操作由师傅指导,普遍采用工读交替的方法。学徒培训中心负责组织考试。考试包括理论和实际操作两部分,成绩均合格者发给职业能力证书或职业学习证书。取得证书的学徒,可以5级资格就业。

第五章 高等教育

　　法国高等教育历史悠久。创建于十二三世纪的巴黎大学被誉为"大学之母"，对欧洲中世纪大学的兴起和发展产生过深刻影响。在 800 多年漫长的岁月里，法国高等教育经历了曲折的发展，发生过多次重大的变更和动荡，有兴旺发达，也有衰落后退。在中世纪大学草创初期，当时许多知名学者到巴黎讲学布道，吸引了各地的学子来这里求学。为争取办学的自主权，师生们开展了反对主教控制的斗争，虽遭挫折，甚至不得不出走巴黎，最终还是成为独立的自治学术团体。巴黎大学还成为各国大学的办学模式。15 世纪以后，由于社会的动乱和大学自身开始偏向保守等原因，它一度失去了初创时的辉煌，在知识领域和社会生活中，没能发挥重要的作用。第三共和国时期，由于社会和经济的发展需要技术干部和管理人才，特别是普法战争后，教育被视为一种"爱国主义责任"，有识之士强烈呼吁发展教育，重振大学，开展科学研究，以洗刷国耻。到 19 世纪 80 年代，法国大学教育开始出现转机。1896 年，国家颁布法令重建大学和学院，规定每个学区开办一所由文、理、法、医、神学五学院组成的大学，并重新授予大学以法人资格，增加大学和学院的办学经费，成立大学内部管理机构，加强自然科学的教学和研究，使大学开始担负起现代高等教育的使命。

　　18 世纪以前，法国的高等教育机构只有大学和学院。路易十五（1710—1774）时期，为了军事和国内建设的需要，开始办起了军事学校和工程学校,如炮兵学校(1720)、桥梁公路学校(1747)、巴黎矿业学校(1783)等。这些学校规模较小,便于管理,专门从事有关工业(包括军事)的高等职业教育。它的出现标志着法国高等工程教育的开始。为了和以往的大学相区别,人们把这些专门学校称之为"大学校",即法国人常说的"大学中的大学"。这样,法国的高等教育从此有了"大学"和"大学校"两种机构,随之也就出现了"一个国家,两种大学"的高等教育的双轨制。两个多世纪以来,这两种高等学校在招生、教学、管理、同社会(经济界和企业)的联系等方面,都大相径庭。

战后,法国高等教育进入了一个新的历史发展时期。第三个经济建设计划期间(1958—1961),国民教育首次被列入国家优先发展项目,教育经费从 20 世纪 50 年代初占国家预算的 6% 增加到 60 年代初的 12%。在校大学生人数从战后的不足 10 万增加到 60 年代初的 20 多万。20 世纪 60 年代中期,为满足经济发展对技术人员的需求,改革高等教育结构,减轻因中等教育迅速发展对大学造成的压力,于 1966 年创办了两年制的大学技术学院(IUT)。加上原有的两年制的高级技术员班(STS),组成了短期高等教育这个层次。这样,法国高等教育就形成了一个包括有大学、大学校和短期高等教育在内的多样化的高等教育体制。

1968 年"5 月风暴"过后,法国高等教育进行了战后第一次"革命性"的改革,颁布了"高等教育方向法",即"富尔法"。该法提出了,大学实行"自治、参与和多学科性"3 项办学原则,确定了高等教育的基本任务。在这一法律的指导下,从 20 世纪 60 年代末到 70 年代初,大学的管理体制、组织机构和教学机构进行了重大改革。从总的效果和影响来看,1968 年的大学改革对于打破长期以来僵化的办学模式,建立新的办学机制,加强大学与社会和企业的联系,增强大学的办学活力,都具有十分积极的意义。"自治原则毕竟建立了一些新的情景","教师的精神面貌逐渐发生变化,他们开始习惯于履行管理方面的职责"①。客观地讲,尽管这次改革只涉及大学,但是不可否认,它是 20 世纪末大学重建以来最为深刻的一次改革,是法国高等教育发展史上的一个重要里程碑。

1984 年,教育部长阿兰·萨瓦里主持制定了"高等教育法",称"萨瓦里法"。它在一些重要问题上,如高等教育的范畴、高等教育的任务等,对 1968 年高教法进行了较大的修改和补充,以适应 20 世纪 80 年代以来社会经济和科学技术(包括信息技术)的发展,更好地帮助大学生就业。1984 年高等教育改革的重点是使高等教育在新的条件下,如何使高等教育更好地为国家经济利益服务,加强高等学校与社会—经济部门的联系,以及加强大学第一阶段对学生的方向指导,改革第三阶段的学位制度等。

进入 20 世纪 90 年代以来,围绕加强法国的国际竞争能力,加强对大学生方向指导,增强其就业的竞争力,改善办学条件,为适应欧洲联盟在高等教育领域开展的一系列重要活动(包括师生交流,大学生到欧盟成员国实习等),法国高等教育又进行了重要的改革和调整。

800 多年来,法国高等教育经历了中世纪大学的兴起和发展,大革命前后大学校的创办,19 世纪后期的大学重建,特别是战后几次重大的改革,终于形成了现在这样一个层次结构多样,学科门类齐全,学制灵活,讲求实效,能与中等教育有机衔接并具有本国特点的高等教育体系。

按照 1984 年"高等教育法"和 1989 年"教育方针法"界定的范畴,法国现行高等教育机构包括 4 大类,这就是:大学(含国立综合技术学院)、

---

① 瞿葆奎主编:《法国教育改革》,人民教育出版社,1994 年,第 632 页。

大学校、短期技术学院和科学文化教育"大机构"。如下图所示：

	第一阶段		第二阶段		第三阶段			
（年限）	1	2	3	4	5	6 7 8		9……
大学	大学学业	普通文凭	学士学位	硕士学位	深入学习文凭 高级专业学业文凭	博士学位		指导研究资格
大学校	大学校预备班		工程师学校 高等师范学校					
短期高等教育	大学技术学院高级技术员班							
传统科学文化教育机构	法兰西学院 国立工艺博物馆 巴斯德学院							

按法国现行高等教育机构绘制。

法国现有大学教育机构 90 多个（不含大学在中小城市开设的 47 个称为"大学中心"的教学点），工程师学校 300 多所，商科学校 70 多所，另外还有师范高等学校，农业高等学校和其他高等学校总共约 500 多所。在校大学生 202.4 万人，高校教师 6.8 万多人（1995）。

第一节 大 学

大学，即综合大学，法国高等教育的主体部分，学生人数占大学生总数的 80％以上。除少数几所学生不多的天主教学院外，现有的大学机构（包括大学、国立政治科学学院和国立应用科学学院）均属教育部领导。

大学机构是"创造和传播知识的场所,也是培养未来管理人员、研究人员和教师的场所。适应性、创造性、教学内容的迅速变化及职业化与普通教育之间的平衡,应是高等教育机构的准则"。(1989年教育方针法)

1968年以前,每个学区只有一所大学。1968年高教改革后,每个学区可设1所或几所大学;大巴黎地区现有的13所大学是在原巴黎大学"裂变"的基础上开办起来的。这13所新的巴黎大学(从巴黎第一大学依次到巴黎第十三大学)分布在巴黎、凡尔赛(Versailles)和克雷岱依3个学区。

(一)大学的管理

自从拿破仑建立中央集权的教育体制开始,法国高等教育一直实行"拿破仑式"管理模式。1968年的大学危机正是"这种管理体制倾覆的反映",它说明"拿破仑式的集权专制的观念已经过时"。1968年"高等教育方向法"制定了大学实行"自治、参与和多学科性"的办学方针,并规定高等学校各级管理机构都要由教师、研究人员、学生、行政和服务人员参加;学校决策机构还要吸收校外人士参加,以加强高校同社会的联系,改善高校的管理机构,因为高等教育是"整个国家的事情"。1984年和1989年两个重要的教育法律又都重申了高等学校的这些办学原则。根据1968年和1984年教育法的有关规定,法国大学现行的管理体制如表所示:

大学的整个管理运行,是通过校长的决定、校务委员会的决议以及校科学委员会和校教学与大学生活委员会的建议和意见来实现的。

法令规定,大学校长应由大学校务委员会、校科学委员会和校教学与大学生活委员会这3个委员会的全体成员大会选举产生,只有得到绝对多数赞成票者才能当选;候选人必须具有法国国籍,为本校的专职教

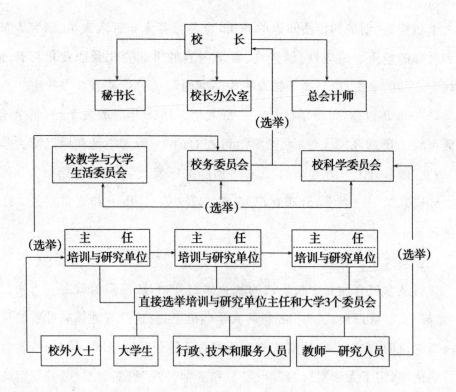

学—研究人员;任期为 5 年,不得连任;校长主要的职责是代表本校处理对外事务,签署具有法律作用的协定和协议,主持学校 3 个委员会的工作,审核本校的财政收支情况,分配本校各类人员的工作,负责维护学校的正常秩序。

大学校务委员会由 3—60 人组成(依学校规模而定),其中教学—研究人员代表占 40％—50％,校外人士占 20％—30％,学生代表占 20％—25％,行政、技术、工人和服务人员代表占 10％—15％。该委员会的主要职责是决定本校的办学方针,审议学校与国家签订的办学合同(一般为 4 年),核定和批准本校预算和决算,批准由校长签署的协议和协定;分配本校人员编制。校务委员会中的校外人士系指大学所在地区政府部门的代表,经济部门的代表,各科学文化团体的代表,以及当地知名人士。

他们在大学校务委员会中占有重要的地位,是加强高等学校与社会联系和合作的重要渠道。

大学科学委员会由 20—40 人组成,其中校内代表占 60—80％(教授和有"指导研究资格"的教师不少于一半),学生代表占 7.5—12.5％,校外人士占 10—30％。该委员会的主要职责是就本校科研政策、科研经费分配和科技资料工作等提出建议,并就本校教学计划,教学—研究人员的资格和要求,人员增减,颁发国家文凭的要求,保证教学与科研的联系等事宜,为校长和学校提供咨询。

教学与大学生活委员会是 1984 年高教改革以后新成立的一个校级委员会,其成员由 20—40 人组成,本校教师—研究人员和学生代表占 75％—80％,校外人士占 10％—15％,学校其他人员占 10％—15％。该委员会的主要职责是就本校的教学(包括继续教育)方向向校务委员会提出建议,审查设置新专业的申请及其计划,制定加强对学生学业方向指导的措施,帮助学生开展各种文化、体育和社会活动,帮助改善学生的学习和生活条件等。

1968 年取消院系基层教学组织后,成立了"教学与研究单位",以体现高等学校教学与科研的一致性。1984 年高教改革,将这一组织改为"培训与研究单位"(UFR),以体现高等学校的"职业性"特征。作为高校的基层教学与管理组织,"培训与研究单位"委员会和委员会主任,一律由本"单位"教学—研究人员、学生和其他人员选举产生;主任任期 3 年,可连任一届。各"单位"委员会成员在 40 人以下,其中校外人士为 20％—50％,教学人员代表不少于其他代表人数之和。

总之,大学内部各级管理机构的设置及人员构成,必须体现"自治"和"参与"的原则。

(二)大学一般专业的教学

按照传统,凡取得高中毕业会考证书或具有同等学力者,均可在本人所在学区的大学某个"培训与研究单位"注册,大学不设入学考试。外国学生在法国的大学登记注册除需上述条件外,还要通过法语水平测试。大学注册分行政注册和教学注册,前者办理入学手续,后者主要是选修课程。

大学实行分段式教学,共有 3 个阶段,它们既各自相对独立,又相互联系。一般来说,只有完成前一阶段的学业并取得相应的文凭或学位后,才能进入下一阶段继续学习。第一阶段和第二阶段为大学本科教学阶段,各 2 年;第三阶段为博士培养阶段,一般平均 3—5 年。"高等教育法"规定,"大学各阶段都要依据各自的目标对学生进行方向指导和普通教育,使学生获得从事某种职业所需要的基本知识,指导科学研究,对学生的个性发展、个人与集体工作中的责任心及能力加以培养"。

1.第一阶段

第一阶段教学的目标是,使学生掌握、深化和扩大实用于某一大类专业领域的各门基础学科的知识,学会一些工作方法,开始了解科学研究;使学生能够评价自己具备的各种能力,能搜集为今后选择职业所需的情况;同时指导学生准备在进入第二阶段时,对所选的专业继续学习,或是在取得本阶段文凭后就业。

第一阶段设有必修课、限定选修课和自选课,它们分别占总课时的 45%—75%、30%—35% 和 10%—20%。课堂教学分理论课、指导课(TD)和实践课(TP)3 种。对学生知识和能力的评估,应通过定期的检查和结业考试进行,这两种方式可结合使用。考试包括平时检查和学期考试。平时检查的内容主要是口头和书面练习、各种实习报告等,约占总成绩的 20%；学期考试每学期一次，进行知识的综合考查，约占总成绩的 80%。

针对第一阶段学生学业成功率低，淘汰率过高（一般为 30%—50%）的现实，在过去 10 多年时间里对这一阶段的教学进行过几次较大的改革，主要目的就是要改变第一阶段成功率不高的现状，加强对学生的方向指导，提高他们的成功率。20 世纪 80 年代初，大学第一阶段的教学不分专业，只设置了法律、经济、经济与社会管理、文学与艺术、人文科学、社会科学与应用数学、科学、神学、体育运动科学技术 9 大类学科。学习 2 年，考试合格，修满学分，可取得相应的某学科"大学普通学习文凭"。这样设置学科主要是注重基础知识，教学较为一般化，其目的主要是让学生为接受长期教育作准备，将来从事教学和研究工作。然而，由于没有入学考试，学生未经选拔直接进入大学，这样学习中不可避免地出现良莠不齐。大学教学本身也存在着问题，学生缺乏就业所需要的专业知识和适应能力。加之一个时期以来，学校和研究机构所能提供的就业机会越来越少，因而使得就业的问题日益突出。

1984 年在改革第一阶段时，设立了一种新的文凭——大学科技文凭，这是根据萨瓦里法设立的两年制职业教育文凭。在教学方面，先用 6 个月或 1 年的时间学习共同基础课，然后进行综合培训，将理论课、实践课和到企业实习结合在一起，交叉进行。教学中力求使学生获得职业专长，学会一些科学方法和基本语言（计算机语言和外语）方面的训练。学校强调对学生的学业方向指导，帮助选择适合他们兴趣和能力的培训，避免教学过于一般化。例如，在里尔第一科技大学，为知识不足的理科学生专设一个"慢速进入大学的学期"。本学期过后，根据对学生能力的评价，为他们提出 3 个方向，或继续学习理科大学普通学习文凭后 1 年半的学业，或再一次在"慢速进入大学的学期"，或转向短期高等教育。通过改革培训和改善方向指导，第一阶段的改革取得了一些让人看到希望的效果。大学校长联席会提出的总结指出，第一阶段1983—1984学年的成功率为34.5%，而1984—1985学年的成功率为41.1%，提高了6个百分点。

开设"大学科技文凭"的大学，应首先由本校校务委员会就专业设置、培训目标、教学内容及社会对该专业人员需求状况，向国民教育部提交申请报告。教育部在征求"全国高等教育与科学研究委员会"以及该校所在学区意见后，如果同意，则以法令形式公布，并与大学签订期限一般为4年的合同。现在，"大学科技文凭"已涉及17类学科的120种专业。设置新的大学文凭虽然取得了一定的成效，但是，第一阶段的问题并未完全解决，改革也只是在部分大学进行，而且参加改革的教师还不够普遍。另一方面，设置新的文凭，进行教学改革，都需要大量的资金，而高等学校普遍存在经费不足，因而影响到新文凭的设置，学生需要的帮助及个别指导也受到妨碍。

2.第二阶段

凡取得第一阶段文凭者，可进入第二阶段继续学习。这一阶段的教学围绕一种或一组职业进行，包括不同水平的普通教育和职业教育。其目的是使学生进一步扩充知识，加深文化修养，初步接触有关专业的研究工作。第二阶段也接受少量取得短期高等教育文凭的学生继续学习。开设第二阶段的大学，应由全国高等教育与科学研究委员会审查同意后，以法令形式公布。这一阶段的开设，应当充分考虑地区和全国性评估对各种资格及需求变化预测的结果。

第二阶段的两年学习相对独立，第一年学习结束时，应参加学士学位考试;第二年结束时应参加硕士学位考试,合格者,分别授予学士学位和硕士学位。[①] 取得学士学位后可继续攻读硕士学位,也可以直接就业。总的来说,第二阶段的淘汰率大大低于第一阶段,因此这一阶段的教学相对比较稳定。

第二阶段第一年的教学,主要是让学生掌握某种或某一类专业的基础理论,而这一专业方向与本人在第一阶段结束前选择的专业一致,总课时为350—550学时。第二年的教学又是在前一年的基础上加深专业理论学习。20世纪70年代初,为了增加学生的就业机会,并增强同大学校的竞争力,新增设了管理应用硕士学位(MIAGE)、管理科学硕士学位(MSG)和科技硕士学位(MST)3种应用性硕士学位,取得了比较好的效果。

现在,第二阶段除授予传统的学士和硕士学位外,还授予专业学士和硕士学位。按学科划分,普通学士和硕士学位包括:艺术和人文科学20种,法律、经济和管理科学17种,科学与技术20种,体育运动1种。专业学士和硕士学位包括:文学30种,人文科学50多种,法律50多种,政治科学3种,经济与管理60多种,自然科学与生命科学60多种,物理—化学20多种,数学10多种,信息7种,机械学与机械工艺10多种,电子技术4种,能源与电机2种,民用工程2种,工业技术科学2种,卫生4种,体育运动20多种。

进入20世纪80年代以来,由于就业形势日趋严重,竞争越来越激

---

① 由于传统的原因,法国一直沿用"licence"一词,现为大学第二阶段第1年颁发的"学士学位"。但它与其他国家通常用"学士"表示大学本科毕业是有区别的;同样,法国大学第二阶段第2年的"硕士学位"只相当其他国家的学士学位,与别国研究生的"硕士学位"不能对等看待。

烈,所以大学一方面加强对大学生的方向指导,同时在文凭设置方面出现专门化的倾向。1984年以后,第二阶段新设置了一种3年制的"新硕士",即在取得硕士学位的基础上再增加一段实习,然后就业。现有18个新硕士专业方向。新硕士在教学中综合了大学与大学校各自的优点和长处,以便更能适应市场的需要。

3.第三阶段

大学第三阶段是博士培养阶段。法国同欧洲有些国家一样,不把大学本科后的教育称为研究生教育,而是统称为博士教育。法国大学第三阶段教育是一种"为了从事科学研究和通过科学研究进行培养的阶段,它包括个人或集体完成具有创造性的科研工作,也包括密切结合科学技术新成果的高级职业培训"。只有取得了硕士学位者才有资格注册第三阶段。本阶段学制为3—4年,分两步进行。第1年为深入学习阶段,博士候选人应选修2—4门与博士论文相关的课程,参加指定的研讨班(séminaires)的学习与研讨,同时要在第1年学习结束时完成一篇由指导教师规定的"小论文"(mémoire)。选修课程经考试合格,小论文经答辩通过,可取得"深入学习文凭"(diplôme d'études approfondies——DEA)。与深入学习文凭并列的还有一种"高级专业学习文凭"(diplôme d'études supérieures spécialisées——DESS)。攻读这种文凭,除选修有关课程外,还要求到企业实习,并写出实习报告。这两种等值的高等教育文凭各有用途,深入学习文凭具有"研究目的",是下一步撰写博士论文的准备工作;高级专业学业文凭具有"职业目的",主要供就业使用。一般说来,取得高级专业学业文凭者不能申请注册博士学位,除非得到校长的特殊批准。

取得"深入学习文凭"后,博士候选人应在一位导师指导下开展研究工作,即从这时开始撰写博士论文,时间为2—3年。论文完成后(包括打印成册),申请答辩。论文经评审小组答辩通过后,由该小组授予博士学位。

1984年以前,法国有多种博士学位,如第三阶段博士学位,博士—工程师学位、大学博士学位以及最高的国家博士学位。一般认为,法国原国家博士学位与英、美的哲学博士学位相当,但获取的难度更大。1984年高教改革后,按照"高等教育法"的规定,今后大学只授予统一的博士学位,并冠以授予学位的大学名称。一般把1984年以后注册的博士称为"新博士"。新的博士学位证书上注明对博士论文的评语。另外,国家博士取消后,1988年开始新设了一种"指导研究资格"。该资格是一种国家高级资格文凭,但并不要求学习大学课程,只有取得博士学位并实际工作一个时期后才能申请。这一资格的取得是一种高水平的科研能力及文化教养的标志,也是晋升教授职位的必备条件。

根据法律规定,国家授权高等学校颁发高等教育的文凭和学位,大学学位专一权的传统从中世纪一直保留到现在,每一种国家文凭的持有者享有同样的权利。

4.大学职业学院

1991年,法国兴办了一种进行长期高等职业教育的大学机构——大学职业学院(IUP)。学制3年,招收学完大学1年级的大学生,或取得大学技术学院毕业文凭或高级技术员证书、具有一定工作经验者。开办大学职业学院的目的是通过发展长期高等职业技术教育,改变大学教育的传统模式和培养目标,参与经济建设急需工程技术人员的培养,增加青年就业机会,加强同企业和地方的联系,同时加强大学本身的竞争能力。

大学职业学院设在各大学内。教学内容和培养方式由学院和有关经济部门(包括企业)联合制定。教学亦由大学教师和企业专业人员共同承担。3年之中(企业实习不少于6个月),根据教学情况,先后颁发大学职业学习文凭、大学职业学院学士文凭和大学职业学院硕士文凭。这3种文凭与大学第一、二阶段的大学普通学业文凭、学士学位和硕士学位相当。另外,大学职业学院第3年还同时设有一种"工程师—技师"资格证书。大学希望通过颁发这一应用性文凭,能接近在国内外享有盛誉的大学校颁发的工程师文凭,以增强大学在就业方面的竞争力。

开办大学职业学院须经全国大学职业学院审查委员会批准,该委员会由企业界(全法雇主理事会)负责人和大学界人士共同主持。大学职业学院的开办被视为是法国的大学界与企业界在开展长期高等职业技术教育方面首次合作,也得到各方面的重视和支持。学校开办几年来,发展迅速。1991年开办时仅有23所,1995年已增加到130多所,在校人数达15000多人。开设的专业涉及法律、经济、电子技术、电器工程、建筑工程、商业管理、信息与通讯、力学、数学、应用化学、地球与自然科学、材料科学、工业技术、生命科学、人文与社会科学、艺术、体育运动等十多个领域。毕业生要求掌握两门外语,尤其是欧盟国家的语言,以便能在更大范围内就业。为了使大学职业学院文凭具有大学校工程师文凭那样的价值,并在社会上得到普遍的认可,教育部决定让大学职业学院保持一定的发展速度,到本世纪末,在校学生控制在25000人左右。

大学职业学院的创办是近年来法国大学系统重要的改革举措,取得了初步的成效。这也为大学今后的改革,特别是在同社会和企业加强联合方面,提供了一些有益的启示。

(三)大学医学专业的教学

法国的医学教育(包括医学、牙科学和药学)是大学一个特殊的教学系统。它在行政管理、机构设置等方面属于大学范畴，但是在学制、教学分段方面又自成一体。全国现有 34 所大学开设医学专业，16 所大学开设牙科专业，24 所大学开设药剂学专业。其中巴黎第五、六、七大学，蒙伯利埃第一大学等校的医学专业颇有名望。

法国医学专业学制长，淘汰率高，学成之后就业率相对也高。医学教育实行分段教学，各阶段时间不等。第一阶段 2 年。第一年，医学和牙科学学生学习共同基础课，课程有数学、物理、生物物理、化学、生物化学、生物等。第一年结束时进行第一次淘汰，升入 2 年级的学生约为 1/5。第一年注册不得超过两次。第一阶段结束时，颁发一种医学专业特有的证书，持有者可进入第二阶段继续学习。

第二阶段学制 4 年。第一年学习内容包括医院功能的基础知识和症候学实践教学。后 3 年作为本阶段的第二部分，除理论教学外，还从事病理学和治疗学教学，以及临床实习，参与医疗活动。临床实习在大学医疗中心(CHU)或经授权的实习医院进行。第二阶段结束时进行第二次考试，内容有理论知识和医疗实习，合格者取得“临床与治疗综合证书”(CSCT)，然后进入第三阶段继续学习。

第三阶段有两种选择，其一是作为“非住院实习医生”，学习 2 年，完成医学博士论文，取得普通科医生证书。其二是参加由地区组织的竞试，合格者进入各专科的第三阶段，如内科、外科、精神病科、医学生物、劳动医学、公共卫生等。各专科招收人数由卫生部和高等教育与研究部根据市场预测的情况共同商定。竞试合格者可作为“住院实习医生”，被安排到大学医学培训与研究单位(UFR)所属科室，并按相应的级别开展工作，同时开始撰写博士论文。在 4—5 年的时间里，博士候选人以实习医生的身份，在指导医生的指导下，从事诊断、预防和看护病人的医疗活动。

第三阶段医学文凭有两种。一种是普通科医生国家文凭,凡考试和实习合格,论文答辩得到通过的"非住院实习医生",可取得这一文凭。另一种是医学博士国家文凭,"住院实习医生"在完成并通过论文答辩后,可取得这一文凭;持该文凭者才有资格在国立医院任专科医生,或独立开设诊所行医。外国人在法国行医有着特殊的规定和要求,他们在法国取得第三阶段医学文凭后,除非得到国家卫生部的允许,否则不能在法国本土行医。实际上,被允许在法国行医的外国人名额也极为有限。

牙科学和药物学教学与普通医学一样,分为3个阶段,只是学习年限略短于后者。它们的共同特点是学制长,淘汰率高,理论学习和实践教学并重;允许外国人在法国学医,但严格限制他们在法国行医。

(四)问题与改革

1986年11月,为反对"德瓦凯高等教育法案",反对设置大学入学考试和增加注册费用,几十万法国大、中学生举行了1968年以来规模最大的罢课和示威游行,迫使政府最终撤消了德瓦凯法案。1995年10月上旬至11月下旬,又有成千上万的大学生走上街头示威游行,要求政府为高等教育增加拨款和增加教师,扩充校舍,改善办学条件。同时,全国大中学生以及家长协会等15个团体组织了全国性行动,要求彻底改革教育制度,教育制度必须为学生毕业后进入劳动市场提供便利条件,帮助和指导学生就业。

在不到10年的时间里,法国爆发了两次大规模学潮,反映了法国现行教育制度与现实社会经济的发展极不适应,法国舆论认为,"法国正处在一种真正的大漩涡之中,处于一种市场和多媒体革命之中。市场和多媒体的发展变化……要求人们进行新的社会和经济调整"。(法国《世界报》1995年12月7日)舆论指出,由于人们对这种发展变化缺乏思想准备,以致已经开始痛苦地感受到这种变化所带来的初步影响,这就是:大批人员失业,环境恶化,不平等现象的加剧,社会保险机构出现财政危机,等等。在现今庞大的300多万失业大军中,18—25岁的青年失业者就有60多万。

1996年3月,法国全国教育改革咨询委员会主席罗歇·富鲁在谈到法国当前教育改革时指出,法国现有的三大国家机构已经显得过时,不适应社会的发展,它们是:社会保险、税收和教育制度。富鲁进一步指出,法国现行教育制度最大的弊端就是学校普遍存在学生学业上的失败,从小学到中学,从中学到大学,都是如此。20世纪80年代,法国曾有过"大学危机"的说法,并提出"救救大学"! 这些年来,政府和教育部对高等教育的改革未有中断,然而由于多种原因,大学的问题没有得到根本解决,有些问题还相当严重,1995年10月开始的学潮就是这些问题的总爆发。当前,法国高等教育存在的主要问题表现在以下几个方面。

首先,近年来法国高等学校(尤其是大学)在校大学生人数的急剧增加,而普遍存在办学条件,包括经费、师资、校舍等问题,学校无法满足这种急剧增长的需求,因而造成的一系列的问题。据统计,20世纪80年代初,法国在校大学生不足100万,而目前在校大学生已猛增到200多万。十年里在校人数翻了一番。现在,几乎所有的大学都人满为患。始建于1966年的蒙伯利埃大学,当初设计最多接纳8 000学生,而今在校学生已经超过2万多人。大学生人数的迅速增加,造成师资力量缺乏,使师生比例严重失调。在近15年大学生猛增100万的同时,大学教师从当时的4.5万人才增加到6万人(1995),仅增加1.5万人。显然,教师增长速度远远跟不上学生的发展需求。不仅如此,近几年高校教师职位的增加幅度还在减少。1989 年至 1993 年期间,高校平均每年增加 2 300 个职位,1994 年下降为 1 600 个,1995 年再降为 1 100 个,然而大学生入学人数在此期间照增不误。另外,大学管理人员和教辅人员也相当缺乏。1981 年至 1994 年,瓦朗斯大学的 1 个管理人员从负责 28 个学生增加到 86 个学生,师资力量缺乏会直接影响教育质量,是引起学生学业上失败的一个重要原因。

第二,学校长期普遍存在经费不足,严重影响到大学的正常运行。几年前,大学的校长们就曾经发出过警告,要求政府履行与各校签订的合同。1994 年 2 月,图卢兹大学以关闭学校一天的形式抗议教育部未能履行与该校签订的合同中有关增加教师职位的条款。在严寒的冬天,许多学校也因经费不足而无法供暖。不少实验室的设备无法更新,教辅人员缺乏,影响到研究工作和教学工作。教室和图书室里听课和学习的人到处拥挤不堪,大学生们对于这种种现象十分不满。

第三,大学的淘汰率高,尤其表现在第一阶段特别明显,这样造成许多不良影响。这一阶段几乎有将近一半的学生不能取得文凭,即便取得这一文凭也很难找到工作。1995 年,25 岁以下的青年失业人数达到 60 万,占法国失业人数的 20%;另外,有 40% 的大学生在读完大学 3 年级后离开学校,加入了失业青年大军。

第四,在战后一直致力于教育民主化的今天,许多学生在接受高等教育方面仍然受到家庭和社会背景的深刻影响。在现有的 200 万在校大学生中,出身官员和知识分子家庭者占 34%;他们在名牌大学校预备班(文科)中却占 65% 以上,学习医学的占 52%;在短期高等教育的第三产业学科中只占 28%,高级技术员班只占 11%。相反,工人和普通职员的子女在短期高等教育中占到 52% 以上,而在医学和大学校预备班(文科)

学习的仅分别为 19％和 14％。另外，从大学第一、二、三阶段的学生比例来看，随着学习阶段的加深，官员、高级职员和自由职业者的子女呈上升趋势，分别为 29％、38％和 40％；而工人和普通职员的子女则呈下降趋势，分别为 15％、10％和 7％。由此看来，专业"选择的限制已经是一种发人深省的现象，不同的大学培养可能会成为社会等级再现的现代方式"。

另外，许多有识之士批评大学的教学方法很成问题。这主要表现在，上大学的学生不断地更新，而学校的教学方法却是老一套，很少改变。教学方法和教学内容的过时，必然会影响到教育质量的提高，难以适应现实社会经济生活的需要。

大学存在的这些弊端和问题由来已久，只不过法国经济长期徘徊不前，使得它们日益突出，引起广大学生和家长的不满以及社会的广泛关注。如前所述，20 世纪 80 年代初社会党执政后，针对高等教育存在的问题，一直在进行改革，努力寻找解决问题的途径。1984 年颁布的"高等教育法"和 1989 年"教育方针法"，提出了权力下放，加强高等教育的职业化，促进高等教育适应社会经济发展的改革思路，对大学第一阶段进行重点改革，增设新的第一阶段科技学业文凭，帮助和加强对大学生学业和就业的方向指导等。1990 年又制定了"大学 2000 年"的发展规划，其主要目标包括在一些新兴城市新办一批大学，更多和更好地接受大学生；大力发展科学、技术和管理教育；重点发展为使高等教育适应经济发展所需的各种职业性教育；高等教育要更好地参与地区的经济发展，从而为国家整体发展规划服务；更新和加强教师队伍；促进与欧洲联盟国家的高等学校和企业的交流与合作，让更多的大学生能到国外学习和实习，以便能在更大的范围内就业。1991 年秋季新开办了 27 所大学职业学院，现已发展到 130 多所。应当说，以上这些改革都是积极的，也取得了一些成效。但是,各地大学的改革很不平衡,许多问题仍然存在,有些问题(大学第一阶段的成功率等)依然很严重。1995年的学潮使法国教育当局意识到,一方面要加大教育改革力度,努力使大学教育能在更大范围内适应社会经济的快速发展和市场的变化,让更多的大学生能够就业;另一方面,当局又希望高等教育"深刻的改革"应该在已有的法律范围内进行,以"取得一些合乎规定和法律的调整"。

1996年可以说是法国教育的"改革年"。6月2日,以罗歇·富鲁为首的"法国教育制度未来全国咨询委员会"向政府总理提交了旨在使学校现代化的报告。该报告的前言指出,应当改革法国现行教育制度中这种"垂直的、集权的、僵化的、无特色的而同时又是不透明的和臃肿的组织机构",改革"过时的教育结构",为反对学生学业失败、反对繁重的行政管理机构而斗争。该报告着重就保证所有青年学生应该掌握的基本知识,简化教学大纲,消除学生过早的学习失败,教会青年确定方向,促进职业文凭的多种价值,促进与企业合作办学,改善大学第一阶段教学,加强权力下放,扩大学校办学的自主权等问题,提出了21条建议。

大学教育方面,重点仍然是改善第一阶段教学,努力提高学生学业的成功率。建议将这一阶段的学科方向改为4类:人文科学、社会科学、法律与经济科学、精确科学与应用科学。学科专业口径宽于现在的课程设置,并设置一些普通性"大学工艺学习文凭"(DEUT)。有些大学已开始试行新的课程安排,如格勒诺布尔第一、二大学,里昂第一大学,波城第一大学,南锡第一大学,里摩日大学,鲁昂大学,斯特拉斯堡第三大学等8所大学,在第一阶段为学习困难的学生设置补习课程,学习时间改为3年。另外,波尔多第一大学和里尔第一大学等7所院校准备设置"高中毕业+1年"的"大学文凭"(DU),以便让第一阶段学业失败的学生能取得这一文凭后,再转入短期高等教育机构学习,有机会取得大学技术学院证书或高级技术员班的高级技术员证书,然后就业。

建立"学校高级委员会",以期对整个教育制度进行经常性的总体评估。该委员会独立于国民教育部,其成员(9—12人)由共和国总统、参众两院主席、法兰西学院和法兰西研究院任命。引进教育体制以外的"角色"进行教育评估,以便更好地确定社会对于学校的要求,使学校根据社会发展的要求办学,改善办学机制,增强学校的适应性。

该报告还特别强调企业可以通过与学校签订合同的方式,尽可能接收工读交替的实习学生,实习时间不少于4个月。作为法国前政府工业部长和著名跨国公司圣戈班工业集团的领导人,富鲁认为,法国应当借鉴德国的经验,重新评价工业技术课程,发展学徒培训;企业也应该在这方面发挥重要的作用,把投资教育看作是企业本身的利益所在。

1996年5月和6月,法国议会专门就高等教育改革举行辩论会。会议期间,特邀请教育部长弗朗索瓦·贝鲁参加。会上,贝鲁阐述了教育部有关当前法国高教改革的基本思路,主要内容与全国教改委员会的报告大体相同。贝鲁更加强调了高等学校要在传播知识和对学生方向指导方面制定新政策,加强工艺技术教育,有利于学生就业,加强高校的科学研究,发展高校与科研机构的合作,加强法国高等教育与欧盟国家的国际合作,改善大学管理等问题。

法国的高等教育改革涉及的问题很多,但就当前和今后一个时期的发展来看,改革学科结构,努力提高教学质量,加强学生方向指导和职业培训(包括企业实习),为毕业后较顺利地进入劳动市场提供条件,无疑是改革的重点。

法国高教改革另一个重要方面就是进一步加强国际合作,尤其是同欧盟国家的合作。20世纪80年代中期开始,面对激烈的国际竞争,特别是美、日两国的竞争,当时的欧共体国家经过相互协调,共同制定了伊拉斯谟计划、教育与技术培训计划、语言培训计划等重要的合作教育与培训计划。10多年来,由于成员国政府及有关方面的共同努力,上述计划取得了积极的成果,建立了欧共体大学—企业培训联合会,制定了相应的联合培训技术人员计划。每年都有上万名大学生到另一成员国的大学和科研机构学习、进修或实习。欧共体国家的146所高等学校相互承认学分,在教学、科研、接受留学生等方面密切合作。1991年底,以马斯特里赫特首脑会议通过的"欧洲联盟条约"为新的契机,欧盟国家在更大的范围内开展合作与交流。该条约在有关教育的条文中强调,"共同体要为提高教学质量,鼓励成员国之间的合作作出贡献",大力"促进大学生和教师的流动,⋯⋯鼓励校际合作,推动成员国之间有关在教育制度方面的信息与经验交流"。

从1995年开始,欧盟国家在已有的合作计划的基础上,又开始两项新的为期5年(1995—1999)的教育培训计划。一项是"苏格拉底计划",另一项是列奥纳多(亦译达·芬奇)培训计划。苏格拉底教育计划投资56亿法郎(当时约合11亿多美元),主要用于高等教育,普通教育和其他各类教育。该计划旨在大力促进欧盟国家建立大学的校际合作网络系统,共同开发教育计划,推行"欧洲学分转移制度",相互承认各国学制,开辟多种渠道,为大学生和教师到另一成员国实习、深造和从事研究提供经费、住房等学习条件。新计划还将积极推动欧盟国家的语言教学交流,为未来的语言教师到国外进修创造条件。法国提出,今后大学毕业生应掌握两门以上外语,特别是欧盟国家的语言,以便能在更大的范围就业。列奥纳多计划投资40亿法郎,进一步调整欧盟国家大学之间的科学和工艺技术研究计划,加强青年的职业入门培训和继续教育,并以此加强成员国之间的产学合作,同时大力改进和提高职业培训质量,支持跨国的试验性先导计划。

1996 年是欧盟确定的"教育年",并为此专门发表了"欧盟教育白皮书",其宗旨是大力发展终身教育和培训,为增加就业,提高劳动力素质创造条件。法国政府前总理艾迪特·克莱松夫人(1934—)在谈到欧洲当前教育改革的必要性和迫切性时指出,同过去 50 年相比,近 10 多年来社会和经济生活方面发生了前所未有的变化。科学和技术的进步,信息技术的飞速发展,几乎已触及所有行业。这一切正在改变着、并将继续改变各种劳动关系,改变企业的生产过程,也改变着企业里每个人的位置和作用。这样,随之而来的就是普遍要求人们不断具有新的知识,并重新确定自己的能力。经济发展的世界化,引起了空前激烈的竞争,欧洲要想保持在世界上的地位和创造新的就业机会,就需要比以往任何时候都更加重视教育、研究和培训,应加大这方面的投资力度。作为一种先导,欧洲应当更新教育观念,改革教育,加速教育和培训的现代化,并使之成为欧盟各国一项优先发展的事业。她这一番话具有一定的代表性。

第二节　大学校

在法国,大学校是大学以外其他各种高等专业院校(不含短期高等教育机构在内)的总称,是法国高等教育重要的组成部分。大学校是法国特有的一种高等学校,尤其是那些名牌学校被法国人视为骄傲,在国内外都享有很高的声望。与其他国家将高等专业院校称为"大学"或"学院"不同,法国的高等专业教育机构称之为"学校"。200 多年来一直这样称谓,这只是传统的原因,并不意味这些学校比学院或大学低一等。也不能用中国的大学与专科学校的概念与之类比。

大学校从旧制时期创办以来,已有 270 多年的历史。1720 年开办的炮兵学校是最早的专业学校,拿破仑和法国许多著名的军事将领都先后毕业于这所军事工程指挥学校。这是当时法王路易十五为重振法国国威,向海外扩张,急需军事人才而开办的。后来,为适应 18 世纪法国资本主义经济的发展,又开办了巴黎桥梁公路学校、巴黎矿业学校等。大革命时期,新兴的资产阶级为巩固国内政权,对付外来战争的需要,同时为当时学校培养普遍缺乏的教师,于 1794 年和 1795 年分别创办了巴黎理工学校和巴黎师范学校。这些学校的兴办,为法国培养了一代又一代文武双全的精英人才。到 19 世纪和 20 世纪初,陆续开办了一批工业、农业、商业等方面的专门学校,为各方面培养专门人才。现在法国大学校已经成为培养政府各级官员、企业领导人、工程技术人员、科研人员和其他高级专门人才的主要场所。

法国现有各类高等专门学校 300 多所①,包括工程师学校、商业与管理学校、高等师范学校、高等农业学校和其他专门学校。由于历史传统、隶属关系、招生途径、教学方法等方面各不相同,这些学校的教学质量、研究水平以及它们在社会上的地位差距也很大。被公认的名牌大学校有:中央高等工艺学校(ENAM)、巴黎理工学校(EP)、国立桥梁公路学校(ENCP)、巴黎高等矿业学校(ENSMP)、国立高等电气学校(ESE)、国立高等宇航学校(ENSAE)、国立高等通讯学校(ENST)、国立高等农艺学校(ENSA)、巴黎高等化工学校(ENSCP)、巴黎高等物理化学学校(EN-

---

① 因定义不同,对法国大学校数量有多种判断,300 多所是比较宽泛的说法。

PCP)、图卢兹航空学校、巴黎高等师范学校（ENS）、贡比涅工艺大学（UTC）、国立应用科学学院（INSA）、国立高等水利工程学校、国立高等先进技术学校（ENSTA）、高等商业研究学校（HEC）、高级经济科学与商业学校（ESSEC）、巴黎高等商业学校（ESCP）、国家行政学校（ENA）、里尔高等商业学校、巴黎政治学院、国立统计与经济管理学校、巴黎欧洲商业学校、里昂高等商业学校等。

(一)预备班(CPGE)

大学校预备班是一种设置在重点高中内、属于高等教育或中学后教育范畴的教学机构。通过预备班招收新生是大学校,特别是名牌大学校选拔学生的主要方式和渠道。在法国,提到大学校就必然会提及预备班。后者是进入大学校的第一道"关口",现有 374 所重点高中开设。20世纪 80 年代以来,随着经济发展,技术干部和管理人员增加,进入预备班的学生也迅速增加。1980、1989 和 1992 年的学生分别为 3.8 万、5.8 万和 7 万人。

预备班学制 2 年,接受高中毕业生。预备班不设入学考试,但是对于进入预备班的学生挑选很严格:申请者必须持有高中毕业会考文凭,参考高中最后两年的学习成绩,申请者所在高中校长的推荐证明和任课教师的评语(包括学习成绩、能力及个人爱好)。总之,能够进入预备班的学生大多数都是优秀的学生,即原先的 C 类(数学—物理类)学生。

根据不同学科大学校的要求,预备班原来设有多种类型,如理科类、文科类、师范类(含文、理科)、商科类、技术类等。1994 年以后,由于高中毕业会考学科类别的改革,预备班相应改设为 3 类,即文科类预备班、科学类预备班和经济类预备班。文科类预备班为进入高等师范学校文科专业和文科学校作准备,科学类预备班主要面向工程师学校和军事学校,经济类预备班则为商业和管理学校提供生源。

预备班的教学工作主要由会考教师（即中学高级教师）和高校师资担任。预备班的课程十分繁重，每周课堂教学为32—34小时，主要学习基础课程。具体安排如下：数学12小时，物理化学12小时，制图—工艺技术4—10小时，法语—外语4小时；自习课20—30小时。此外，各学科经常组织口试和笔试。预备班采用这种"大运动量训练"的教学方法，正是为了使学生能在两年后的大学校入学"竞试"中取得成功。预备班教学要求非常严格，有的预备班规定，第一年学习成绩不合格者即被淘汰，有些预备班规定最多只能在1年级重读一次。

鉴于大学校预备班的教学计划和大纲多年未变，已不适应科学技术的发展和企业的现代化，同时也为了适应高中毕业会考的改革和大学校的教学，经过同大学校、企业、预备班教师多方面的讨论和协商，1994年11月教育部公布了预备班新的教学大纲，对预备班的结构和课程设置进行了改革。新大纲规定预备班学制仍为2年，每个学年分为3个学期。新设的科学类预备班包括4类学科，即数学—物理类（MP）、物理—化学类（PC）、物理—工程科学类（PSI）和物理—工艺技术类（PT）。这样划分学科类别，可以使招生标准进一步多样化，使一部分抽象思维能力较差，而善于观察和动手的学生也有机会能够进入大学校，实现"机会均等"。今后工程师学校可根据各学科的情况，按一定的比例招生，如MP类和PC类各为30％，PSI类为23％，PT类为17％。

1995年秋季开学以后，预备班实施新的教学大纲。新大纲中减少了数学在教学和入学选拔中的分量，同时更多地增加了实验性学科和较为开放的学科，要求采用新的教学方法，发展学生的归纳能力。科学类预备班新的教学大纲增加了两门新课程，一门是"工程科学"，另一门是"有指导的个人创造活动"。"工程科学"课是一门多技术课程，它包括自动化、电气、电子技术、热力学、流体力学等。"有指导的个人创造活动"主要是把企业的状况引进学校，培养技术革新和商业竞争所必须的集体精神。新大纲减少数学课时这一举措表明,今后数学不再作为选拔理科学生的唯一标准,而是将它变成为实验科学服务的工具,以改变以往法国工程师思维能力强,动手能力差的状况。在这方面,德国和美国培养工程技术人员与法国有着很大的不同。1987年,由法国"国家评估委员会"(CNE)发表的《大学向何处去》评估报告指出,法国工程师学校毕业的工程师中,仅有9%的人取得过"深入学习文凭",5%的人取得第三阶段博士文凭或工程博士文凭。法国每年获得工程师文凭的人数为一万多,而取得深入学习文凭的人还不足一千人,这与美国每年通过研究"稍加培养"而取得工程硕士学位的1.8万名工程师人数完全不能相比,而且美国企业中未来领导人的高级培养是通过攻读哲学博士学位进行的,其年龄一般在30岁以上,每年都有数千名这样的正式人选进入工业界。在法国,企业的领导职务都是由名牌大学校的优秀毕业生担任的,但他们大多数人都不是"通过研究培养"出来的,这对于法国工业研究造成了很大的损失,减少了法国工业的竞争能力。因此,该报告建议,今后工程师学校毕业的工程师中,最好能有30%和15%的人分别获得深入学习文凭和博士学位。也就是说,使有较多的工程师通过研究培养后再进入工业界,以改变法国工业竞争能力不强的状况。

新大纲将预备班每周的教学时数由原来的32—34小时,减少到30—32小时,主要是减少数学的教学时间2—4小时。法语、外语、信息和体育课教学时间不变。另外,在第一年的教学中,各学科都增加了"工业科学与技术"内容。这一教学安排被看作是为学生接近工程师职业进行的训练,企业对这一改革表示赞同。

新大纲对文科类预备班和商业类预备班也作了新的规定。将商业类预备班的学制由原来的1年改为2年。学生可通过多种渠道进入管理专业的大学校。商业类预备班结业的学生与取得大学第一阶段经济科学普通学业文凭的学生同等对待,包括直接攻读大学第二阶段相关专业的学士文凭。从1995年开始,允许文科类预备班学生在不必进行专门选修的情况下,参加高等商业学校的入学竞试。这样,学生可以同时准备高等师范学校和高等商业学校的入学竞试,扩大文科类学生的出路。

大学校预备班的改革已经取得初步成果,高中数学班的毕业生不再大量涌入人文科学和经济、商业预备班,高中自然科学班的毕业生也开始能够进入一向被数学班毕业生垄断的理科预备班。

(二)招生

大学校招生主要有两种方式。一是部分学校通过审查考生有关材料(高中毕业会考文凭、高中阶段最后两年的学习成绩等),直接招收高中毕业生,这些学校的学制一般为4—5年;二是通过入学竞试招收预备班学生,这类学校的学制多为3年。另外,还有一些大学校通过审查有关学习档案,招收取得大学第一阶段学业文凭,或取得短期高等教育证书的大学生;不过,这种方式的招收名额一般很有限。目前,大约1/4的大学校通过第一种方式招收新生,如国立应用科学学院、贡比涅工艺大学、部分国立工程师学校和商业与管理学校。贡比涅工艺大学是法国唯一一所取名"大学"的大学校,创办于1972年。该校当时是按照美国模式开办的一所理工科大学,目标是培养工程技术人员和管理干部。学制5年。教学分为两个阶段:前两年为第一阶段,全校学生统一学习共同基础课,类似预备班的做法;后三年为专业培养阶段。该校录取新生的工作每年进行2次。春季2月份开学,考生应在头年10月1日至12月1日期间将本人学业档案及有关材料(包括教师评语和高中校长推荐信)递交学校,然后由该校审查委员会(成员由校长指定)组织考生面试,最后根据招生名额择优录取。秋季9月份开学,考生应在当年3月1日至5月1日将有关材料递交学校。录取步骤与春季相同。像贡比涅工艺大学这样的学校,虽然没有入学竞试,但是,校方在审查考生学业成绩和面试时,也都是非常严格的。其目的就是为了保证新生的入学质量,以保证几年后学生取得的文凭在社会上的有效性。

但是,目前大多数大学校仍然采取传统的招收预备班学生的做法。招收预备班学生的大学校设有入学竞试。这是一种难度大、淘汰率高、竞争性强的考试。因此,大学校的入学考试没有使用一般的"考试"一词,而是选用了"竞试"一词,它就意味这种考试具有"竞赛"和"竞争"的含意。根据学校不同的性质和类别,各类学校组织了各种"共同竞试",如多科性工程师学校竞试,工艺与电气学校竞试,农业学校竞试,商业与管理学校竞试等。有的大学校也实行单独考试,单独招生。

各种竞试的科目和要求因学校类别而异。由图卢兹化学工程学校等22所国立工程师学校组织的共同竞试包括笔试和口试。笔试科目有:数学Ⅰ、Ⅱ(各4小时),物理Ⅰ、Ⅱ(各3小时),化学(3小时),法语(4小时),应用数学(2小时),绘图(4小时),外语(3小时)。笔试合格者再参加口试,科目有:数学Ⅰ、Ⅱ,物理,化学。

巴黎理工学校实行单独招生。国家对该校招生的有关法令规定,凡报考该校的考生,必须持有法国高中毕业会考文凭或相应的欧洲高中毕业文凭,年龄为17—22岁,经军医进行体格检查合格,无任何犯罪记录者,可准予报考。入学竞试包括笔试、口试和体育达标考试。笔试包括A、B两种。A种考试科目有:数学Ⅰ、Ⅱ(各4小时),物理Ⅰ、Ⅱ(各3小时),化学3小时,法语3小时;B种考试科目有:绘图4小时,外语(德、英、俄语之一种,2.5小时)。该校强调考试"应着重考查学生实际运用能力",包括对计算尺、对数表、函数表和计算机的运用。法语作文考试应"表现考生可根据确定的材料,具有敏捷的思考、组织和表达的能力"。口试在笔试之后进行,科目与笔试相同。体育入学考试是由隶属国防部的理工学校的军事性质和传统原因形成的,也是其他大学校所没有的。该校要求学生具有强健的体魄和良好的身体素质,女学生也不例外,以此来保证完成严格的学习和训练任务。体育考试按照"法国田径协会"

颁布的标准和本校补充规定进行。男子百米跑及格成绩为 13.5 秒,跳高为 1.36 米,铅球(5 千克)8.3 米,50 米自由泳为 44 秒;女子 80 米跑及格成绩为 12.7 秒,跳高为 1.12 米,铅球(3 千克)6.3 米,50 米自由泳 54 秒。新生的录取由该校审查委员会负责,每年招收新生 330 人左右。

总的来说,大学校的招生方式灵活多样,生源质量较高;招生的基本原则是择优选拔,优胜劣汰。大学校采取这种选拔式的招生方式是高质量教学的重要保证,并与综合大学开放式的招生方式形成对比。

(三)教学

法国的大学和大学校在很多方面都不同,而教学这个最重要的领域也许最能表现二者各自的特点。如果说大学以理论教学见长,那么,大学校就更加注重理论与实践相结合。尽管大学校类型多,教学各有特点,但是在长期的办学过程中,它们也形成了基本的共同点,即"多科性"或"多面性"的教学和培养,这就是:重视基础理论教学和应用知识教学、注重"非技术"培养和实践性教学。

大学校的基础理论课程教学除继续深化预备班学习的科学课程外,主要是学习通用科学理论,包括电子学、自动化科学、计算机科学等。应用课程教学与理论课相辅相成,通过实验课、实习课、毕业实习,对学生进行技术应用方面的培养。"非技术"培养包括学习有关经济、法律、人文、社会科学以及表达能力(法语和外语)和组织能力等方面的培养。企业实习(包括到国外企业或实验室实习)是近年来大学校普遍兴起的一种培养方法。学生经过以不同身份(工人、技术员、见习工程师)到企业实习,从具体工作做起,逐步了解生产和市场需求情况。让学生熟悉企业,也让企业了解学生——未来的职员。这样既有利于加强厂校合作,也有利于学生毕业后就业。以上几个方面的教学与培养都不是孤立进行的,而是相互关联的,并形成一个整体培养,如下图所示:

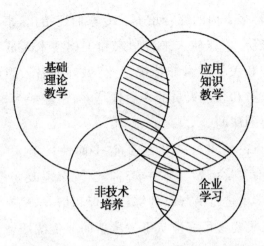

基础
理论
教学

应用
知识
教学

非技术
培养

企业
学习

　　法国大学校的多面性教学培养是当今技术的迅速发展和市场经济的急剧变化所决定的。在今天，管理人员和工程技术人员的培养，单靠知识的积累已经不能适应这种变化；而只有通过综合性培养，使未来的工程技术人员不仅能适应企业技术变化的需要，熟练地解决本专业的问题，也能够解决传统上由社会学家和伦理学家所解决的问题，并且能够根据市场的变化，毫不困难地从一个技术领域转向另一个技术领域。

　　实际上，高等学校这种多面性培养已成为当代高等教育发展的一个重要趋势。几年前，由美国全国科学院、全国工程师科学院和全国医学科学院3家著名研究机构的19名专家组成的一个专家小组，根据当前科学技术的发展对人才培养的新的要求，向美国政府提交了一份题为《改进培养科学家和工程师的研究生教育》的报告。报告指出，长期以来作为世界典范的美国科学和工程技术教育体制已经受到挑战。必须改变美国现行的科学和工程技术教育制度，要培养出大批的"多面手科学家"，而不是专业狭窄的研究人员。报告说，在当今迅速变化的世界，这样的研究人员在他们就业时是无法驾轻就熟地从事有关新技术和新工艺、全球性的市场、加剧的经济竞争、公共健康的需要和环境恶化等方面的职业的。专家小组认为，必须对科学家和工程师更多地加以训练，扩大其知识面,进行多方面的综合培养。专家们还指出,事实证明,有广泛而受过培训的经历,才能使未来科学家和工程技术人员对从事"与科学和技术专业知识相关的大量非传统职业"做好准备。因此,大力加强对未来工程技术人员和管理人员的多面性培养,已经成为国际高等教育领域一个极其重要的课题。

可以看出,无论是美国提出的培养"多面性科学家",还是法国大学校实施的"多面性教学培养",都要求高等学校必须改变传统的培养目标和教学方式,对学生进行高起点的综合教育和培养,只有这样,才能使未来的高级专门人员能够很好地从事大量新的非传统职业,并且能够毫不困难地从一个技术领域转向另一个技术领域,创造自身的就业机会。也只有这样,高等教育培养出来的科学家和技术人员才能适应经济发展的世界化以及由此引起的国际竞争。

第三节　短期高等教育

短期高等教育是法国高等教育的又一组成部分,也是发展较快的一部分。它包括大学技术学院和高级技术员班。另外,还有少量直接招收高中毕业生的商科学校、公职学校、商船学校、文体学校等,学制为 2 年。

(一)大学技术学院

1966 年,法国创办了两年制的大学技术学院,主要从事高等技术教育。学院设置在大学内,是大学一个特殊的"培训与研究单位"。现有的 90 多所大学技术学院全部为公立教育机构,属教育部领导,在校学生 7.2 万多人(1992)。

20 世纪 60 年代以前,法国高等技术教育一直由大学校承担。由于大学校的培养目标是高级工程技术人员和高级管理人员,因而与中等职业技术教育之间间隔过大,而且两者之间缺乏直接衔接(大学校主要通过预备班招生),这样使得整个职业技术教育结构显得不够合理,特别是与战后法国经济发展和产业结构的多样化不相适应。于是有人提出效法美国社区学院的模式，建立一种短期高等教育机构，以此作为大学校与中等技术学校之间的"中介层"，同时取代 20 世纪 50 年代出现的高级技术员班。这样既可以完善高等教育结构，又有利于多层次人才的培养，从而满足企业对这一档次技术人员的需求。经过一段时间的酝酿和筹备，1966 年法国教育部决定在大学里开办大学技术学院，实施技术教育。1968 年高等教育改革以后，根据 1969 年 1 月 20 日法令，大学技术学院今后作为大学的特殊"教学研究单位"，设立独立的行政管理机构并实施独立管理，单独颁发毕业文凭——大学技术学院文凭（DUT）。该文凭价值介于技术高中的技术员证书与大学校的工程师证书之间，属 6 级就业资格系列中的第 3 级。获得此文凭者可以高级技术员资格就业。

大学技术学院不设入学考试。报名者须持高中毕业会考文凭（普通高中和技术高中均可），经校方审查其高中学习成绩和谈话，然后根据各校招生名额择优录取，选择性很强。读完大学第一阶段的学生和预备班在大学校入学竞试中落选的学生，可通过审查有关学业成绩，直接进入大学技术学院 2 年级学习，毕业时成绩合格同样可取得大学技术学院文凭。

大学技术学院所开设的学科专业已有 20 多种。属于第二产业的有：化学、化学工程、应用生物学、建筑工程、电子工程与工业计算机、机械工程与工业自动化、热力与能源工程、卫生与安全、物理测量、工业维修、生产组织管理、材料科学与工程、通信工程等；属于第三产业的有：计算机、企业与行政管理、信息与交流、法律事务、社会事务、统计、商业化技术、后勤管理与运输、通信服务与网络、行政与商业管理等。

大学技术学院在教学方面更接近大学校的做法，采取小班授课，重视实践教学，重视知识传授与职业培训相结合；不采用学分制，周课时不少于 30 小时。教学大纲由学院与有关部门共同制定，经教育部同意后以法规形式公布。在课程安排中，基础理论课一般占总学时的 20％，指导课占 35％，实践课占 45％。第 2 学年必须到企业实习 6—8 周；有些技术学院在校两年期间，每年都去企业实习一次。下面是里昂第一大学所属

大学技术学院化学系学年教学课程安排:(单位:小时)

	第一学年			第二学年		
	理论课	指导课①	实践课②	理论课	指导课①	实践课②
数学—信息论	32	50	—	30	50	
物理学	32	50	96	30	50	90
普通物理化学	32	32	（观察仪器记录分析）			
有机化学与合成	32	32	112	30	30	106
分析化学(矿物、有机物、仪表)	16	16	112	30	40	105
无机化学	24	24	64	30	30	60
化学工程技术	16	40	96	15	40	90
普通文化教育③	—	50			50	
外语	—	50			50	
学年教学时数	32 周共 1010 小时 +4 周实习④			30 周共 965 小时 +6 周实习④		

①指导课每班人数限定为 24 人；

②实践课每组人数限定为 12 人；

③包括书面与口头表达技巧,人际关系,组织机构立法与劳动安全,经济问题入门；

④企业实习由技术学院与接受单位共同商定。

大学技术学院不设学年考试和毕业考试,着重平时学习成绩检查。凡平时考查合格,实习报告合乎要求(包含企业代表对实习学生的评价),两年后可取得大学技术学院文凭。其合格率一般可以达到 60%,高于大学第一阶段。由于大学技术学院毕业生具有一定的理论知识和较强的专业知识,并具备一定的动手能力,因而比较受企业的欢迎,持有大学技术学院文凭者在就业方面优先于综合大学的学生。

近些年来,大学技术学院出现两种倾向,一是招收新生越来越严格,二是越来越多的技术学院毕业生不是毕业后直接就业，而是进入大学校、大学职业学院或大学第二阶段继续学习，以求得到更高的文凭后再就业。造成第一种情况的原因，是第一阶段的大学生毕业后难于就业，或是难于找到合适的工作。这样使得大批的高中毕业生选择大学技术学院，就连那些本应上大学的普通高中毕业生也转向报考技术学院。据统计，现在报考技术学院的考生中，70％来自普通高中。这样就加剧了技术学院的入学竞争，但是技术学院受到办学条件的限制，因此只得在入学人数上加以限制。造成第二种情况的原因是，在法国，短期高等教育毕业的学生（包括高级技术员班在内），一旦就业后，在相当一段时间里难有晋升的机会，工资也难以提高。因此，使得越来越多的大学生把技术学院当作进入大学校、取得工程师文凭的一种"迂回策略"，以避免大学校入学竞试这道难关。目前，大学技术学院学生通过这条途径继续升学的人数，已从10年前的1/4上升到一半左右。这样一来，也就改变了创办大学技术学院的初衷。实际上，它既没有办成美国式的社区学院，也没能取代高级技术员班。但是，大学技术学院作为一种短期高等教育机构，它完善了法国职业技术教育的结构层次，并在一定程度上满足了对这一层次技术人员的需求，其发展也一直呈上升趋势。正如有人评价的那样，法国大学技术学院是把高等教育与技术教育相结合，把大学与"效益"相结合的一种短期而有实效的教育机构。

（二）高级技术员班

随着法国战后产业结构的变化和劳动市场对人才需求的多样化，20世纪50年代中期，在中等职业技术教育机构的基础上，开办了高级技术员班。这也是一种介于技术高中和工程师学校之间的高等职业技术教育机构。学制规定为2年，属短期高等技术教育或中学后教育范畴。高级技术员班设在条件较好的技术高中内。到20世纪90年代初，已有1 555所技术高中开设了高级技术员班，在校学生人数为20万。公立高级技术员班学生的成功率达到56％以上，也高于大学第一阶段的成功率。

高级技术员班亦不设入学考试,只通过审查考生的高中毕业会考文凭、高中阶段最后两年的学习成绩和高中主课教师的评语选拔学生。新生进校后学习2年,主要进行专业培训。每学年只举行一次期终考试,第二年结业时再参加一次国家统一组织的专门考试,合格者可以取得高级技术员证书。属农业部管辖的农业高级技术员班可颁发农业高级技术员证书。同大学技术学院文凭一样,取得高级技术员证书者可以3级资格就业,他们中的少数优秀学生也可以进入部分相关专业的大学校继续学习。

与大学技术学院相比,高级技术员班的专业划分更细。现有包括农业、工业和第三产业的专业约130多种。其中农业方面有:农业食品工业与生物工艺技术、生物农业分析与工艺技术、出口系统分析与管理、动物产品、花卉园艺—生产、花卉企业园艺—苗圃、植物技术等。工业方面有:公共工程、土地丈量—地形测量、能量技术装备、建筑、工业维修、工业机械与自动化、工业控制与工业调节、工业产品设计、微技术、特殊车辆售后维修、机电技术、工业信息、电子技术、营养学、生物化学、生物分析、生物工艺技术、塑料与合成物等。第三产业有:工程师技术助理、结构经济与研究、运输、管理部门秘书、三语秘书、三语商业秘书、会计与管理等。

高级技术员班不仅专业划分得细,教学也更具体,专业课比重更大,更强调实际操作。周学时为32—37小时,专业课时间占2/3以上。高级技术员班在专业设置和教学方面坚持应用性和灵活性,随时注意市场的变化和企业的需求,对专业方向进行调整。1986年至1990年间,增加了生物工艺技术、造纸工业、住宅防护及设施、柔性材料工业等13个专业门类。同时又对工业控制与自动化调节、木材工业、出版、热与金属处理等26个专业根据需要进行了改革。这样,使得教学更有针对性,也更有利于学生就业。1985—1992年,高级技术员班的第二和第三产业所属专业的学生分别增加了81%和134%。

在1966年创办大学技术学院的目的之一就是取代高级技术员班。30多年过去了,高级技术员班不仅没有被取代,而且以它自身的办学特点与大学技术学院互为补充,相互竞争,共同发展。这些年来,这两类学校都得到较好的发展。但是,同大学技术学院一样,高级技术员班目前也存在一些问题。许多取得高级技术员班证书的毕业生,不是直接就业,而是通过各种渠道进入大学第二阶段或是相应专业的部分大学校,以取得更高的就业资格。这部分学生的比例已由20世纪80年代初的16%上升到目前的30%。但是,由于高级技术员班的目标在于就业,因而在课程设置和教学内容等方面与大学校或大学相差甚远,这样一来,要么不容易进入大学校,即便进入大学校和大学后,也难以适应,成功率不高。

第四节　大机构

在法国整个高等教育机构中,除了大学、大学校和短期高等教育机构外,还有一类被称为"大机构"的传统科学文化教育机构,它们包括历史悠久、学术地位高的法兰西学院(1530)、自然历史博物馆(1635)、巴黎天文台(1667)、国立工艺博物馆(1794)、天文事务局(1795)、高等研究实用学校(1868)、巴斯德学院(1887)等。这些机构都是在不同的历史时期,根据不同的要求开办的。它们没有统一的学制和教学大纲,也没有统一的培养目标。在传播文化、从事教育、开展研究等多方面都各有特点和风格。而今,它们又成为从事成人继续教育的重要场所。

法兰西学院是一所蜚声国际的著名高等学府,到这里来讲学的大多是些饱学之士。该学院开设了3类课程组:数学、物理和自然科学;哲学和社会科学;历史、哲学和考古学。各学科组每年由授课教授根据自己的研究工作开展教学。学生自由旁听,学习结束不进行考试,也不颁发任何文凭或学位。但是,人们可以在这里学到丰富的知识,了解最新的研究成果和科学研究动向。同时,该院的各研究所开展高水平的科学研究。

　　高等研究实用学校是第二帝国末期由著名历史学家、当时的教育部长迪律依创办的。该校的创办是要打破传统大学重学轻术的弊端，使大学同时开展教学和研究，并使大学的研究具有先进性和实用性。100多年来，这所学校一直保持着很高的研究水平。该校现在主要的研究领域是地球与生命科学、历史与哲学科学、宗教学。学校按照不同的学习年限，分别授予相应的国家文凭和学位，包括第三阶段学习在内。另外，经所选学科负责人同意后，也可以作为旁听生听课，但是不得参加考试和取得文凭。

　　创办于1888年的巴斯德学院是一所集科研、教学、医疗于一体的著名私立科学文化教育机构。现有工作人员2 700多人，其中科学家1 100多人（一半是进行合作研究的外国科学家）；下属110个研究单位，法国本土以外另有23个巴斯德学院；附属医院每年诊疗病人11万人次；同时，每年还接收许多来自法国和其他国家的博士生和博士后研究人员，进行大学后教育。100多年来，该院为人类的发展和科学进步做出了极其重大的贡献。比如，该院开办不久，由巴斯德最亲密的三位合作者鲁、马丁和沙尤发明了治疗严重威胁儿童生命的白喉病的有效方法，当时世界4％的儿童死于这种疾病。20世纪初该院建立的镭研究所，实际应用了居里夫人的发现。1910年该院建立的化疗中心，生产和使用了首批抗菌药、杀寄生虫药和青霉素。卡尔梅和介朗这两位科学家经过13年研究，于1921年发明了预防结核病的重要疫苗。1936年博韦和特雷富兄弟最终生产出了磺胺药物。1954年莱皮纳发明的小儿麻痹症疫苗，使得世界在这方面的预防手段发生了重大变化。1971年和1981年该院分别建立起分子生物研究所和免疫学研究所，后者的研究人员皮埃尔·蒂奥莱通过遗传工程技术研制出了第一种预防乙肝的疫苗。该院建院以来共开发了254项专利，签署了75项产品生产合同和有360种受到保护的生物物质；曾先后出现了8位获得诺贝尔奖的科学家。不仅如此，该院对于研究领域的另一个特殊的重大贡献,巴斯德以自己独特的科学研究方法带来了 19 世纪科学研究上的一场重大革命。这就是让科学家走出实验室,到自然环境中研究病原体,不但查明病原,而且提出防治的方法。尽管当时遭到众人的反对,但是巴斯德勇敢地捍卫自己的观点,并取得了成功。100 多年后的今天,这座科学的殿堂,在微生物学、病毒学、免疫学、分子生物学、细胞学以及遗传工程技术的基础研究和应用研究方面,一直走在世界科学研究的前列。

第六章　师范教育

和许多国家一样,法国的高等教育师资主要从大学培养的最高学位获得者中选拔,没有,或说基本没有一般意义上的师范训练。所以,本章讨论的师范教育只涉及初等教育(学前和小学)与中等教育教师的职前培养和在职进修。

第一节　历史沿革

法国教师的资格和培养制度经历了长时间的发展演变,随着历史和社会的进步不断完善和系统化。

在古代,主要是长者、能者为师,学校尚处于原始阶段和萌芽状态,真正意义的师范教育就更谈不到了。到了中世纪,大学颁发的学位同时亦是任教资格。学士原意为任教许可证,博士和晚些时候出现的硕士更是直指教师资格。但是,在很长时间里,没有形成明确的学历和考核制度,教师的任命权一直掌握在教会手中。直到17世纪,这种情况才开始发生变化。

(一)初等教育教师的培养

1.早期发展的4个阶段

小学,特别是农村小学教师及其培养长期处于不规范和不受重视的地位,与神父关系密切、圣歌唱得好,都曾经可以成为充任小学教师的条件。

1678年,教士拉萨尔作为遗嘱执行人与立遗嘱者为女童教育建立的一个修女会有了接触,产生了从教的打算,并从1680年起致力于发展修女会,招聘和培训教师。1684年,他在兰斯创办了基督教学校修士会学院,后者被认为是法国,也是世界上最早的具有近代气息的师范教育机构。18世纪初,拉氏为修士会制定了章程,为学校编写了指南。1705年,他又在圣伊翁开办了教师讲习班。拉萨尔以儿童心理学为基础的同时教授多名学生的方法迅速广为流传,以他的学院为样板的师资培养机构在他死后相继建立。18世纪20年代,他的学院分别得到教皇和法王路易十五的承认。虽然拉萨尔的学院具有明显的宗教性,且仅属于一个教派,但他的法国师范教育奠基人的地位无可否认,他的学院的影响不容低估。

18世纪对教育及其"艺术"的重视,大革命对教育是国家的事,应由国家负责师资培训观念的确认,在理论上为师范教育的发展扫除了障碍。1794年,国民公会决定效法德国的做法,在巴黎建立一所师范学校,学制4个月,每两万居民推荐一名学员,学成后回到原地开办一所师范学校,传授在巴黎学到的教学方法。第一所公立师范学校于1795年1月开课,但因教学学术气过浓,有悖初衷而遭到多方反对,不久便关闭。1808年,第一帝国的一项法律规定,在国立中学和市立中学开设师范班,为小学培养教师。两年后,第一个4年制的师范班在教育发达的阿尔萨斯地区(斯特拉斯堡)出现,首开省立师范学校之先河。但是,由于政府对初等教育的忽视,此后20年中仅仅增加了两个师范班。1828年,教育部长发出通知,要求各学区建立师范班。4年后,又有12所新的师范学校(班)建立。

七月王朝时期,法国的资本主义发展较为迅速,资产阶级也意识到初等教育对于维护其统治的重要性,开始加强控制。在要求每个市镇都办一所小学的同时,基佐政府于1832—1833年发布有关法令,决定每省建立一所男子师范学校,并提出了一些具体规定:年满16岁,持有地方政府颁发的品行优良证明,通过考试证明具有读、写、算基本知识与技能,保证毕业后至少担任10年公立小学教师者,可就读于师范学校。师范学校学制2年,开设的课程有道德与宗教、阅读、算术、法语语法、实用几何、常用物理基本概念、音乐、体操、法国史地基本知识等。当时,不论省立还是私立,师范学校同时亦属国家。教育部长有权任命学校校长,确立教学计划并检查实施情况。基佐法案公布后的 3 年内,法国又相继建立了 30 多所师范学校,并于 1834 年出现了第一所女子师范学校,打破了长期以来教会对初等教育女教师培养的垄断。虽然后来师范学校被当权者视为自由主义者,乃至煽动分子的巢穴,受到种种限制,甚至在 1850 年被《法鲁法》宣布关闭(实际并未做到),但基佐提出的原则影响深远,并且在 1860 年以后有所发展,如提高了教师待遇,设立了师范学校校长证书等。

第三共和国是法国教育迅速发展的一个时期,1879—1883 年三次出任教育部长的费里对此做出了突出贡献。他认为,"没有师范学校就没有公立教育"。在被任命为部长后几个月,就促成了一项法律的通过,规定每省建男女师范学校各一所,为本省培养初等教育教师。1882 年法国规定,师范学校由学区长领导,教育学列入其教学大纲。随后,师范学校由向部分学生颁发奖学金改为对全体学生实行免费。1887 年,法国政府再次颁布法令,综合并重申了过去较为分散的规定,使师范学校的性质、管理、学制、大纲等进一步统一,形成了独立的系统和完整的制度。这时的师范学校,一方面符合资产阶级的标准,一方面也有利于下层人的迁升,与社会环境比较协调,处于其发展历史上的黄金时代,并将这一传统保持了数十年之久。

2.第二次世界大战后的连续改革

教育民主化、以儿童为中心思潮的传播和儿童心理学的发展,促进了战后法国师范学校的连续改革。

第二次世界大战期间,维希傀儡政府关闭了法国所有的师范学校。战后,法国政府在教育方面的重要举措之一,就是以 19 世纪末的师范学校为基础,结合新形势的新特点,重建师范学校,满足师生的强烈要求,适应教育事业的发展。1946 年 6 月 7 日,教育部长发布决定,明确了有关原则:每学年末,以省为单位组织师范学校一年级和三年级的入学竞试,前者面向初中毕业生,后者面向高中毕业生;报名时,除出具各种有关证明外,学生还应作出为公立教育服务 10 年的保证,并提供家长的书面声明;两个年级的入学竞试都包括初试和复试;师范生一律住校,只有周日才可外出。随后,法国教育部公布了师范学校三年级的教学计划(前两年主要准备高中毕业会考),把每周的 34 课时作了如下分配:职业道德—学校行政—学校法 1 小时,法国学校史—教育学说 1 小时,普通教育学—各科教学法 6 小时,儿童心理学 3 小时,校外和社会活动 3 小时,技术—农业—手工—家政教育 8 小时,普通教育 6 小时,教育实习分 3 次集中进行,平均每周 6 小时。此次改革使师范学校开始招收高中毕业生,职业培训比过去大大加强,有助于初等教育师资质量的提高。但它更重要的意义在于肯定了教师和师范教育的价值,恢复了师范学校,成为它在新时期内不断改革的开端。

到了 20 世纪 60 年代,法国的经济得到恢复和发展,教育民主化步伐加快,入学率提高,教育科学不断丰富和发展,出现了许多新思想和新理论。与此同时,师范学校的百科性中等教育与小学需要的实际性初等教育二者之间的矛盾日益尖锐;教学内容和方法落后,管理方式陈旧(严格的寄宿制直到 1968 年才被明令取消);将近一半的毕业生另择高枝,去接受高等教育。师范学校的改革已是不可避免。终于,在师范生也参加了的 1968 年学生运动的推动下,法国政府在 1969 年决定改革师范学校:招收高中毕业生,进行两年的职业培训。这一改革的意义很大,它表明,高中文化水平和少量的职业教育不足以使师范学校毕业生胜任未来工作的论断已被正式承认。从此,大学第一次介入了师范学校的教学,为师范生开设了高于高中水平的语言学和数学课。更重要的是,改革后职业培训的比重大大增加,师范生在这方面的准备更为充分。此外,还开设了每周 3 节的选修课,学生可在某些方面加以扩展、加深,培养自己的爱好和专长。从此,师范学校的性质发生了变化,由以普通教育为主的中等教育机构,变成了以职业教育为主的中学后教育机构。社会的发展、教育思想的丰富、师范学校的开放、师生来源的多样化使师范学校的指导思想不再像过去那样统一,模式也不再那样单一。

1969年的改革曾使人兴奋一时,但不久人们就发现,普通教育和职业教育两方面的不足并没有得到很好克服,学制的延长也没有改变多少人们对师范学校的看法,因而也无助于初等教育教师地位低这一问题的解决。为了改变师范教育的处境,提高教师水平,从而提高教师地位,扩大大学对初等教育师资培养的参与,法国于1979年再次对师范学校进行改革:将男女生分开培养的省立师范学校合并为每省一所,男女合校;招收高中毕业生,学制3年:1/3的学业在大学完成,2/3的学业在师范学校完成;通过教学单元制(相当于大学的学分制,每个单元约50—70课时)、个人设计自己的学习计划、扩大选修课的比重(在总共30个培训单元中占7个)等措施,加强培养的个别化;将现代数学、语言学、遗传心理学、认识论等新内容和视听、计算机等新方法引进教学,提高质量;通过大学和师范学校的双重考试,分别授予大学第一阶段文凭和初等教育教师证书。新计划规定,在大学应完成10个单元,其中法语、数学、儿童心理与生理发展、教育哲学与普通教育学、学校的社会环境、外国语言与文化为6个必修单元,另4个单元为选修课;在师范学校完成20个单元,必修单元有17个,即法语(2个)、数学(2个)、启蒙活动(史地、实验科学、音乐、美术、手工各1个)、体育(2个)、幼儿学校教学法、小学低年级教学法、小学中高年级教学法、儿童心理与生理发展、教育哲学与普通教育学、学校的社会环境,另3个单元为选修。在这个教学计划中,学科教学法和教育实习的比例基本不变,教育理论课的课时略有增加。师范学校招生标准的再次提高,使法国各级各类教师从此都有了高等教育学历。

在落实1979年改革的过程中,人们发现有两个问题没有解决好,即大学和师范学校在教学中配合欠佳,理论教学和实际训练不够协调。为了解决这两个问题,进一步提高教师水平和地位,法国于1986年又一次对师范学校进行了改革:只招收至少受过 2 年高等教育的人,学制 2 年。是年 5 月 7 日,教育部公布了这一决定。国家规定的允许报考师范学校的资格共有 100 多种,各省招生名额需经学区和国家批准,报名和考试在省里进行。入学考试为竞试,即敞开报名,按规定名额录取。5 月 20 日,教育部公布了统一的培训计划。两年共 1 890 课时,第一部分为教育理论与实践,包括各种实习,约占总课时的 46%;第二部分为学科知识与方法,涉及小学开设的所有科目,约占 42%;第三部分为教师的行政与社会作用,约占 6%;第四部分为选修,包括外语、方言、幼儿教育和前三部分的内容。根据学生成分和水平的变化,这一计划大大加强了职业培训的比重,仅不同的实习就占总课时的 25%以上,还把残疾儿童教育、外籍儿童就学、教师职业道德、学校与周围环境的关系、成人教育等列为必修。毕业考核包括 3 部分:首先是一些科目的平时检查,其次是大约 210 小时的"责任实习",最后是教育理论、法语、一门自选科目的笔试和一次关于教育教学问题的口试。经审核,学区长授予及格者"初等教育教师高等教育文凭"并分配工作。这是战后法国第四次提高初等教育教师的资格,使他们得以在受完完整的第一阶段高等教育之后接受职业培训,两方面相得益彰,用提高学历、提高水平的办法提高他们的地位。同时,学生学历的提高,大学教师的介入和实习的加强,也在一定程度上弥补了1979 年改革的不足。改革受到小学教师和未来小学教师的欢迎。许多大学生也把进师范学校看作就业日趋困难情况下的一个相对稳妥的办法,致使考生中不乏具有更高学历的人,师范生的成分和结构进一步发生变化。

(二)中等教育教师的培养

法国中等教育教师分为多种职称,其培养制度的演变主要表现为不同资格及有关机构的出现与消失。

1.资格

1766 年,为了弥补耶稣会被逐而出现的教师不足,法国举办了教师会考,在全国招收 60 名教师。通过者称会考教师。1808 年,第一帝国决定建立教师会考制度,以会考教师为新建的国立中学和市立中学最高级别教师。1821 年,该制度在法国正式实行。最初,会考只设文学一种专业,后来逐步扩大到中学开设的全部科目,并于 1883 年开始允许妇女报名。

1950 年 4 月 1 日,法国决定把 1922 年以来存在于外语专业的制度扩大到中学开设的所有学科,设立中等教育教学能力证书(CAPES),分哲学、古典文学、现代文学、历史和地理、现代外语(德、英、西、意)、数学、物理、自然科学 8 个专业组织竞试。通过者称证书教师,成为低于会考教师的一个中学教师新职称,持有者既可教初中,也可教高中。1959 年,又为中等技术教育师资设置了与中等教育教学能力证书基本平级的技术教育教学能力证书(CAPET),含生物化学、建筑、机械、制图与应用美术、经济科学与技术等专业,后来持有者亦称证书教师。

1969 年 5 月 30 日,法国设立"初中普通课教师"职称,取代 1960 年设立的市立普通教育中学教师职称。初中普通课教师须担任初中两门课的教学,故培训也按两门课一组划分专业。原设 13 组专业,从 1985 年起改为以下 9 组:史地—公民、法语—公民、法语—拉丁语、法语—外语、数学—物理、法语—音乐、法语—美术、物理—自然科学、技术。

至此,法国 3 类主要的中学教师职称按由高到低的顺序先后建立,形成了比较完整的体系。

2.机构

1808 年,在决定由中学师范班培养小学教师的同时,第一帝国还恢复了前述仅开办几个月就被关闭的巴黎师范学校,每年从高中毕业生中选拔 300 名学生,培养 2 年后派回中学任教,以保证中学的质量和国家对他们的控制。1815 年,该校学制改为 3 年。1845 年,学校改称巴黎高等师范学校,并逐步以培养会考教师为主要目标。1881 年,经过几十年的呼吁,女子高等师范学校建立。它既是女子教育发展的必然结果,又反过来推动了这一教育的进步。为了满足不断发展的普及型初中教育（当时称"小学高级班"）和省立师范学校对教师的需求，第三共和国分别于1879年和1882年建立了女子和男子"高级小学师范学校"各一所，它们后来也逐步演化成为高等师范学校。1912年，在科学技术日益发展的需求面前，一所技术教育高等师范学校应运而生。人们习惯按其所在地把法国这5所高等师范学校分别称为于尔姆、塞夫勒、玫瑰泉、圣克鲁和卡尚。它们属法国特有的"大学校"之列，闻名于世。

1945年，为了向战时得到发展的学徒中心输送师资，法国建立了"国立学徒师范学校"。此类学校共6所，分别在巴黎（两所）、里昂、图卢兹、南特和里尔。冠之以"国立"二字，主要是为了表示它们与培养小学教师的"省立"师范学校有区别，说明它们直属教育部，全国招生，全国分配。经过多次改革，当年的学徒中心变成了市立技术中学，后来又变成了职业高中，而为它们培养教师的学徒师范学校却还保留着原来的名称。自1985年设立职业科高中毕业会考后，职业高中内出现了完全高中水平的班级。原来的教师改称职业高中一级教师，他们可经学徒师范学校一年的专门培训后参加竞试，获取职业高中二级教师职称，在完全高中班任教。

1952年，法国在每个学区设一个地区教育中心（CPR）。通过有关证书竞试理论部分者即为实习教师，进入地区教育中心接受一年的培训，再通过证书竞试的第二部分——实践考试，才能得到证书并分配工作。这一规定于20世纪60年代扩大到会考教师，他们虽然通过竞试后即得到资格，但在正式上岗任教前也必须到中心接受一年的师范培训。

1957年，大学各学院设立了"中学教师预备学院"（IPES）。通过竞试入学后，学院的学生称"学生—教师"，领取国家工资，在考取教育学学士学位后参加中等教育教学能力证书的竞试。中学教师预备学院的建立，对保证证书教师的质量和支持家境贫寒者从事教育事业起到了重要作用。但是,这种体制需要较多经费,而且使得中等教育教学能力证书竞试的考生面比较狭窄,法国教育部遂于 20 世纪 70 年代末撤销了中学教师预备学院。

1969 年初中普通课教师职称设立后,并没有建立相应的专门培训机构,而是把有关工作交由各省首府所在地的师范学校负责,在其中附设一个初中普通课教师培训中心。20 世纪 80 年代中期,这一职称被取消,这些中心也不复存在。

经过几个世纪的演变,法国终于形成了大学与专门机构相结合,以大学为主,学术教育与职业培训相结合,先后分别进行的中等教育教师培养体系和制度。

第二节 职前培养

(一)1990 年的改革

1989 年法国颁布《教育方针法》,规定建立大学师范学院(IUFM),负责初等教育教师及部分中学教师的职前培养和在职进修,师范学校、学徒师范学校、地区教育中心等机构随之撤销。该方案于 1990 年在 3 个学区试点,1991 年全面实施。法国现有 29 所大学师范学院,每学区一所,学生近 8 万。学院招收至少受过 3 年高等教育且获相应学位者,学制 2 年。此次改革主要有 3 个目的:第一,让学生接受更为系统和扎实的高等教育,学院部分教学工作亦由大学教师承担,提高师资学力和水平,提高小学教师的地位。第二,招生和培养更加开放,为师资培养提供更加充足的生源。第三,把职前和职后、初等教育教师和中等教育教师、普通课教师和职业技术课教师的培训交于一个机构负责,改变过于分散的状况,加强协调,提高人力物力资源的利用率,促进不同教师之间的交流。大学师范学院的院长为大学教授,由教育部长任命,办事机构主要依托学区,原各省的师范学校现为本学区师范学院的分院,或称教学中心,主要负责教学工作,行政和财政方面的自主权大大减少,教学亦需由全院加以协调。改革后的法国现行初、中等教育教师职前培养制度可用下图简示。

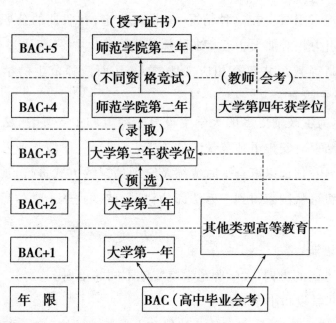

(二)招生

法国大学第三年授予学士学位,它是报考大学师范学院的必需资格。审查学习档案是师范学院决定是否录取的主要方式,有时辅以招生委员会的谈话,以更全面、深入地了解考生。各学院分别确定自己的招生数量并组织实施,招生委员会由院长指定,包括本院教师以及督学、中小学教师和教育界以外的各方面有关人士。考生可在多所学院报名,但如被同时录取,则只能在一所学院注册学习。

除具有学士或其以上的学位、文凭外,师范学院的报考条件还包括具有法国国籍、无前科和身体健康。为了广开生源,过去规定的年龄限制一再推迟,现已不存在,凡未达到公职人员最后退休年龄(65 岁)者皆可报名。另外,对学历要求也有一定的灵活余地:有大学第一阶段文凭或同等学力及 3 年工作经验者,可在通过学区考试后到师范学院报名;3个孩子的母亲和高水平运动员可凭有关部门的证明到师范学院报名,对他们没有高等教育学历的限制。

需要指出的是，由于经济不景气和大学一直扩大招生，法国大学毕业生就业相当困难。在这种情况下，收入稳定、有假期的公职人员——教师的吸引力相对加大。近年来的师范学院考生中，不乏受过 4 年，甚至更长时间高等教育并获有相应文凭的人，从而使师范生的学历越来越高，成分越来越复杂。

另外，为了鼓励更多的大学生投身于初等和中等教育，法国还在大学二年级结束时安排了师范学院的预选，完成这一阶段学业并得到文凭者皆可报名。预选以审查平时成绩及全面情况的方式进行，被选中者在大学三年级可从国家得到 5 万法郎的津贴，待得到学士学位后到师范学院注册入学。

（三）培训

针对不同的方向，大学师范学院实施不同的培训。

1.幼儿学校和小学教师

1990 年改革后，原来在幼儿学校和小学任教的统称为初等教育教师者改称"幼儿学校和小学教师"，以体现他们因学历变化而造成的地位提高。他们的培训大致分为 4 个部分。

专业教育　目的是提供专业知识并传授教学法和进行实际训练，满足初等教育对教师的多能性要求。两年中，专业教育约占全部课时的一半，科目有法语、数学、体育、选修1（生物—地质、历史—地理、物理—技术三者之一）、选修2（音乐、美术、外语三者之一），第一年里知识和教学法基本各半，第二年以学科教学法为主。

普通教育　主要是应用有关理论研究教育中的实际问题，还包括少量的文化和外语教学。第一年的普通教育约占课时的 35％，主要为儿童与青年、教育系统与社会、表达—交流与教育技术、认知理论和学习理论、学前教育、外语，另有少量课时用于语文、数学、计算机、文化与文明等。第二年普通教育约占 40％，除上述内容外，还有知识史、教育法史、教育哲学、教育思想流派等。

个别化教育　这一方面指把学历、经历、方向接近的学生组织在一起，根据共同基础和需求安排活动内容；一方面指个人学习计划。后者约占每年课时的 10％，由学生在入学时与教师讨论确定，可涉及教学内容，也可涉及实际工作，目的是满足个人兴趣，培养独立工作能力。

实习　实习在入学前业已开始，作为职业准备，由大学组织讲座、参观，了解教育系统的运作和未来的工作环境与对象。两年学习中约有 10 周的实习，分几次到小学不同年级和初中完成。结业实习约 8 周，不仅要全面负责一个班的教育教学工作，而且要完成一篇实习报告。

2.中等教育教师

中等教育教师两年的培训安排各有重点。

第一年的主要任务是准备不同的资格考试，大学有关培养与科研单位针对这些考试的专业和理论部分开设课程，主要涉及学科知识，兼顾一点教学法。对考试涉及的职业内容的准备在大学师范学院进行，它包括通过实习对学校的运作有一个初步了解（约 30 小时），与准备幼儿学校和小学教师资格考试者共同研讨教育教学问题（约 20 小时），选修一门教育理论或教学法课程，如"教学情境分析""资料研究"等。

第二年的内容安排与初等教育教师接近。

专业教育　主要有 3 项内容：第一是学科教学法，理论联系实际，研讨培养目标、教学活动、手段利用等方面的问题，如总目标、各学科的目标、不同阶段的目标、大纲与进度、学科史、认识论、构建知识和发展社会性的方法、个别化教学、表象的产生和处理、如何介绍概念、总结与评估、视听设备、计算机、资料中心等，约 100 小时；第二是不同来源和去向的学生共同研讨具有广泛意义的问题，如"概念和方法的循序渐进：从幼儿学校到大学"；第三是通过在不同年级和不同学校的教学，更加全面深入地了解教育、教学、教育系统和社会，约 30 小时（5 小时×6 周）。

普通教育　基本是面向各级各类未来中小学教师的公共课（见"3.公

共课")。

实习　分散进行,由学院教师和学区的专职或兼职"教育顾问"指导,平均每周4—6小时,职业技术课教师还要到企业实习。

论文　是每个学生在学习和实习后必须完成的工作,它的质量和答辩情况在结业考核中占有很大比重。

3.公共课

考虑到学生来源的多样化和未来工作的共性与联系,大学师范学院的培训工作在突出个性化,甚至个别化的同时,还注意安排一些大家共同需要或具有普遍意义的内容。这主要涉及教育和教学,比如前面提到的"概念和方法的循序渐进:从幼儿学校到大学",在大学和师范学院教师的指导下,学生按专业分组具体针对一个概念、专题或方法,从纵向研讨其发展演进的特点及不同阶段教学应该注意的问题。此外,这一部分还包括教育心理学、教育社会学、教育评估、教育技术、对教育系统的了解和认识等内容。它们分散安排在两年之内,共60—80课时,约占课堂教学时间的10%。公共课中还有一部分内容由各学院或其下属教学中心根据自己条件和特点组织,供学生自选,有的达200门之多。但这些自选课时数不多,一般仅20小时左右。

(四)竞试与任命

师范生完成第一年的学业后,需通过各自准备的资格考试,才能进入第二年的学习。大学4年结业并得到硕士学位者,如有志到中小学任教,亦可报名参考。考试为竞试,不同职称及专业和学区之间名额的分配由教育部确定。

1.幼儿学校和小学教师资格竞试

竞试为国家考试,分学区举行。即考试科目、方式、评分标准、纪律等原则全国统一,具体事宜由学区组织。学区长或其代表任考试委员会主席,各省的教育行政负责人(学区督学)任副主席,成员包括有关教师代表、督学和校外人士。

初试为语文、数学两项笔试,各 3 小时。既检查知识,也检查能力,还检查对初等教育的理解及知识和能力在其中的应用。复试包括 4 项:一项口试为对教育及教师职业的理解,一项口试为考生从外语、音乐、美术中选择的一项,笔试由考生从生物—地质、历史—地理、物理—技术中选择一项,体育包括游泳、自选项目和回答问题。

2.中学教师资格竞试

法国中学教师的职称主要包括会考教师、证书教师、技术高中教师、职业高中教师和体育教师。除第一种外,完成师范学院第一年学业者皆可报考。另外,完成大学 3 年学业并获得学士学位者、低一级的教师,甚至外国人也可参加考试。

除体育教师外,其他中学教师职称的专业划分都比较细。人数最多,最有代表性的证书教师分为 26 种专业,即哲学、古典文学、现代文学、史地、经济与社会科学、现代外语(含德、英、阿拉伯、汉、西班牙、希伯来、意大利、葡萄牙、俄语)、数学、理化、物理与应用电学、生命与地球科学、音乐、美术、资料文献、科西加语、方言(含巴斯克、布列塔尼、卡塔卢尼亚、奥克语)。技术高中教师的专业仅限于技术课,共 24 种,那里的普通文化课亦由证书教师负责。职业高中自成体系,它的教师职称共 29 种,既涉及专业课,也涉及普通文化课。

中学教师资格竞试为国家考试,分类、科目、时间、内容、方式均全国统一。每个专业设一个考试委员会,主席由教育部长任命,一般为总督学或大学教授,成员由主席提名,为资格不低于应试者的各方面代表。

报名和初试由学区负责。初试一般为 2—3 门笔试。复试在巴黎举行,多为 2—3 门口试和实践,基本都包括一项模拟教学。考试委员会按得分多少的顺序列出录取名单,上报部长,后者在审查后分专业公布。

会考教师在法国中学里资格最高,还有少数人在中学后机构任教,他们主要由大学和高等师范学校培养,受过 4 年高等教育并获得硕士学位者可以报名参加教师会考。除对报名者的学历要求高一年外,教师会考与前述中等教育教学能力证书的另一个主要区别是专业划分更细,更多,共 37 种,二者在组织方面区别不大。通过会考后,考生便得到会考教师资格,但他们必须插入大学师范学院二年级,与通过其他资格考试的人一起接受一年的职业培训,方可被国家任命,到中学或中学后教育机构任教。

3.任命

大学师范学院的所有学员在进入二年级以前均已通过相应的资格竞试,故结业时只需接受学院的考核。这一考核原则上包括 3 部分,即按规定修完课程并通过各自的考核,按规定时间和要求完成实习并被指导小组认可,写出理论联系实际的论文或报告并通过答辩,不同职称和专业都有自己的具体要求。通过考核者即可得到证书,成为正式教师。幼儿学校和小学教师基本在被录取的省内分配,中学教师基本在被录取的学区内分配,被分配者有一定的选择余地。为了便于新任教师巩固所学,适应工作,许多学校、省和学区还适当减少他们的工作量,或安排他们担任一段时间的代课教师,定期或不定期地为他们组织一些教学研究活动。

第三节　在职进修

由于经费有限和包括国家及教师本身在内的各方面不够重视,法国在职教师的进修在很长时间里没有完整的制度,规模不大,效果也不理想,历史上曾经出现过的种种有意义的建议和尝试没有能够实现或坚持下来。

这一情况直到 20 世纪 70 年代才得以明显改观。随着终身教育思想的提出和广泛传播,在职教师的进修提到日程上来。当时,初等教育教师由于地位低和被认为职前培训不足而首先受到波及。1972 年,教育部和全国初等教育教师工会共同发表了《关于初等教育教师终身教育基本方针的宣言》,明确指出教师培养是一个整体概念,由职前和在职两部分组成。后来,教育部又发出通知,对教师在职进修作了如下规定:每个初等教育教师,从工作的第5年起到退休前5年止,有权带工资接受累计一学年(36周)的继续教育;其目的是补充知识,提高能力,了解学校的社会和经济环境;培训分短期、中期、长期3种,历时一周至一年,由国家或学区根据形势的需要和接受者的希望组织;短期进修教师的工作由实习生代为完成,另设一类代课教师负责参加长期进修教师的工作。与此同时,师范教育和终身教育的理论不断发展,在一定程度上改变了人们对在职进修的认识,使各方面就它的目标、内容、方法等问题取得了更多的共识。从那时起,法国在职教师的进修由初等教育教师逐步扩大到中学教师,并且更加制度化和不断完善。20世纪80年代以后,在新形势下,法国教师进修的重点进一步集中,为面对新技术革命的挑战和克服教学中日益严重的"失败"现象做出了贡献。

在职进修工作分3级组织。

省 学前和小学教师的进修主要由省里负责。进入20世纪80年代以后,各省均设立了学前和小学教师培训委员会,负责就有关问题向教育行政部门提出意见和建议,并参与培训计划的制订、培训的组织、结果的评估等工作。委员会的建立,使教师在职进修工作不仅有人重视,而且有人具体研究和组织,从而更加制度化,更加协调,使更多的人参加到这一工作中来。培训计划确定之后。主要由大学师范学院在本省的教学中心——原本省师范学校负责实施。进修班每次时间1—6周不等,以2—3周者居多。进修内容十分广泛,除普通教育学、学科教育学、各教育阶段的教育教学研究、计算机科学、计算机辅助教学、学校管理等常见安排外,还有许多跨学科的内容,如中小学的衔接、测量在小学里的多种应用、图像与想象、传播工具与广告、移民的发展与文化等。

学区 中等教育教师的进修主要由学区负责。20世纪80年代初,学区一级建立了"培训工作组",负责中学教师的在职培训。组长由部长任命,一般为大学教授。成员8—16名,为各界有关人员。工作组主要任务是调查需要和可能,制订计划,组织落实。这一分权措施大大调动了学区的积极性,使进修的规模进一步扩大,内容更加丰富,方式也更加灵活。培训目标主要有 3 个:职前培训不足或级别较低教师的提高,配合改革的需要,素质的全面提高和日常问题的解决,以第三项为主。占用工作时间的培训按天计算,多数不超过 1 周;利用业余时间的进修按小时计算,长短不一,有的可达 200 小时。长期进修班的主要目标是改变专业、准备证书竞试、改变职称、学习新技术。按时间计算,它们的总培训时数与前述短训班为 2:3。

国家 专门化比较强,普遍性比较大的进修由国家组织。比如,20世纪 70 年代初国家组织了对师范教育工作者的培训,70 年代中期配合初中改革组织了初中教师的进修。进入 80 年代以后,教育部要求各司局根据全国的总形势和总任务制订各自的培训重点和计划。比如 20 世纪90 年代中期,行政人事司的重点培训内容是教育行政管理现代化,尤其是目标导向和人力资源配置;初等教育司的重点是师范学院教师和有关督学,以及残疾儿童的适应;中学司的重点是教育政策新方向、学术与教学能力、教育教学功能的演变、新技术为教学服务、教育工程学。全国性进修的组织方法与省和学区基本相同:每年事先公布进修班目录,附有题目、内容、对象、时间、报名方式等;个人自愿报名;主办单位经与报名者所在学校协商后审批。近年来,国家培训班一直数以千计,可培训数万人,除各科教学内容和方法外,比较集中地涉及了农村和落后地区的教育、困难儿童和残疾儿童的教育、技术教育、计算机的应用、教学评估等人们十分关注的问题。

暑期大学 这是教育行政部门以外的民间利用假期组织的进修。"暑期大学"本是新教育学派曾大力提倡的在职教师利用暑假互教互学的一种进修形式,已停止活动多年,自 1982 年在马赛恢复后发展很快。现在的暑期大学,实际上是各种各样的专题短训班,大多 1—2 周,由教育部提供经费,政府各部、学区和民间团体主办,在职教育教学工作者自愿参加。1983 年仅办了 20 多个短训班,1984 年以后暑期大学进一步发展。从 1986 年开始,培训班改为全由学区举办,主要是为了配合政治和教育体制改革中的权力下放,给学区更多的权力和主动开展工作的机会,招生仍然面向全国。近年来,暑期大学每年都开设 100 多个培训班,可培训数千人。

法国不仅重视教学人员的进修,还为教育部门的非教学人员组织了各种各样的培训班。

法国在组织在职教师的进修时,不管哪一级办的哪一类培训班,都注意以下几个原则:将长远目标和近期需要结合起来,既注意教师基本素质的提高和学校日常问题的解决,又密切结合当时教育和科技发展的形势,在安排内容时以后者为主;制订培训计划时,广泛征求各方面,特别是教师工会的意见;一律免费,必要时国家帮助解决交通和住宿问题(包括暑期大学的培训班);要求各学校校长将本校人员的进修工作纳入学校工作计划,统筹安排;除计划内的培训外,还尽量照顾某些特殊要求,如为一个或几个学校的某类人员或全体人员组织他们要求的专题进修等。

第四节 法国师范教育的特点与趋势

法国师范教育历史悠久,规模庞大,很有特色且不断发展革新,人们可以从不同的角度概括它的特点和发展趋势。本文试图从它在处理几方面关系时的辩证态度入手,加以探讨。因以下几个方面既体现了法国师范教育的特点,又可以说是它的发展趋势,故下面依次列出,不再加以区分。

(一)高等学校与专门机构相结合

人们一般把中小学师资培养体制分为 3 种类型:一是以美国为代表的"开放型",即由普通高等学校来承担,又称"大师范";一是以前苏联为代表的"封闭型",即由专门师范教育机构负责,又称"小师范";而法国高等学校与专门机构相结合的体制则代表了第三种类型,被称作"混合型"。

从历史发展来看,这一特点又应当分为两个阶段来分析。

第一个阶段是1990年改革以前的很长一个历史时期,这大致可以追溯到法国师范教育体制初步形成的17—18世纪。其中,高等学校与专门机构在师范教育方面的结合表现为3个层次。

首先,这一结合表现在两大类教师的培养方面。如前所述,在这段时间内,学前和小学教师与中学教师是分开培养的。即前两者同属一个职称,由相当高中,后来为高中后水平的省立师范学校培养;后者有多种职称,最重要的是会考教师和证书教师,他们主要由高等学校,特别是综合大学培养,接受专业教育,首先以获取学位为标志。

其次,这一结合表现在中学教师的主体——会考教师和证书教师的专业和职业(师范)教育方面。这些未来的中学教师在接受了4年或3年高等教育,分别取得硕士学位或学士学位并通过有关证书考试之后,还要进入地区教育中心,用1年时间接受适当的职业(师范)培训,通过相关考核,方可被任命为会考教师或证书教师,到中学(少部分到中学后教育机构)任教。

再次,这一结合还表现在会考教师和证书教师的专业教育方面。这是因为,大学虽然是中学教师专业教育的主要场所,大部分会考教师和证书教师出自其门下,但仍有一部分人来自高等师范学校。尽管几所高等师范学校情况各异,有的已不把师资培养当作主要任务,但至少还部分毕业生出任教师,而且包括另择高枝者在内的几乎所有高师学生,都把参加教师会考获取资格作为一条必经之路或一个里程碑。

第二阶段是1990年改革之后。在这次改革中,新建的大学师范学院包揽了过去所有师范教育机构在学前、小学、中学教师职前和在职培养方面的全部职能,这些机构随之撤销。新的培养格局仍然体现了高等学校与专门机构的结合,除了高等师范学校依然存在外,结合还表现为教师的职前培训分成两个大阶段：所有师范生的职前专业教育在大学完成，3年学历和学士学位是报考师范学院的必需起码条件；师范学院负责未来教师的职业培训，这也包括已经通过了教师会考的人，他们在考试后插入学院二年级。另外，预选制度使部分大学生提前一年确定了方向，开始接受一些师范入门教育。当然，更重要的是，大学师范学院与大学的联系大大加强，二者过去在制度方面的结合已经深入到教学甚至人事工作当中。

在这里，有必要提及颇有特色并享誉世界的高等师范学校。

法国原来5所高师分为3类：于尔姆和塞夫勒地位最高，招生最严，出路当然也最好，毕业生大多去高教、科研部门甚至到政府机构任职，参加教师会考主要是为了得到这一资格，真正到中学任教者极少，教学中的师范内容逐步减少乃至基本消失，仍叫师范学校只是为了保持成立之初的名称（法国有此传统），但已名不符实；圣克鲁和玫瑰泉的毕业生仍有相当比例担任中学教师，故还开设一些师范课程；卡尚因其职业技术的方向，一直以培养教师为己任，开设了相当比例的师范课程，不过毕业生中有不少人到中学的职业技术教育机构任职。

这3类5所高等师范学校的最大共同点是招生起点高，入学考试难。欲报考高师的高中毕业生首先要进专门的预备班学习两年，然后再参加难度很大的高师入学考试（录取率一般在10％左右）。本身已是同学中佼佼者，再经预备班和入学考试两次选拔，高师学生的水平不言自明，这同时也是他们不愿"屈就"地位和待遇都不太高的中学教师的原因之一。正是在生源好——出路好——生源更好——出路更好这一循环中，生源和出路二者互为因果，才促成了高师，特别是其中历史最久，水平最高的于尔姆和塞夫勒两所地位越来越高，乃至前者与综合技术学校并列为法国大学校之最，从而离培养中学教师的初衷越来越远。20世纪80年代，配合分权放权政策的实施，法国政府分别将于尔姆（男）和塞夫勒（女）、圣克鲁（男）和玫瑰泉（女）合并，并在里昂新建了一所性质和地位与圣克鲁、玫瑰泉相同的高等师范学校。这样,目前法国共有 4 所高等师范学校,但它们还是分为前述 3 个类型和(或)层次,分别以自己特有的方式在一定程度上参与着师资培养工作。

(二)严格标准与灵活组织相结合

从总体上来看,无论是过去还是现在,法国招聘教师的标准不可谓不严。但是,在具体执行过程中,又十分注意从实际情况出发灵活组织和掌握,不机械地强求一律。

这一特点表现在许多方面。比如,过去初中普通课教师资格的法定培训时间是 3 年,但学历较高者和有实践经验的人因减少了专业学习或实习时间,可以把学制压缩为 2 年。又如,通过教师会考初试的人,可以免试录用为证书教师;得到学士学位的高等师范学校学生可以不参加证书教师资格竞试的初试,直接参加复试。再如,几乎所有的资格竞试在严格考查的同时都留给考生一定的选择余地,或者几项择一(如音乐和美术、历史和地理、科学和技术等),或者自定主考科目,或者单独设立一项自选内容,评分时其高于平均分的部分记入总成绩,或者几种情况同时存在。另外,除去上述从教育界外面招收教师的"外部考试"之外,法国还注意从教育界内部招收和提拔教师。一种方式叫"内部考试",即另行组织考试,按规定标准和名额,从有实践经验的在职教师中招收高一级教师;一种方式为免试内部晋升,即根据学区的推荐,教育部有关司局、总督导局、双边行政委员会等方面的意见,教育部长免试把具有一定学历和经验的在职教师和教育行政人员提升为高一级教师,二者比例分别不超过上一年该职称通过竞试录取人数的 1/9 和 1/30。

所有以上这些措施都基于同一个目的:在保证质量的前提下,增加灵活性,广招人才,多招人才。

(三)全面要求与突出重点相结合

法国师范教育的这个特点主要表现在各种资格竞试当中,它有助于在全面考查考生的基础上,重点了解他的职业知识和能力,尽量减少过泛或过窄这两种极端现象的出现。这个特点往往体现在评分时的加权上。下面仅以学前和小学教师的资格考试为例。

学前和小学教师资格竞试的初试和复试共 8 项(不包括前述自选部分),评分时的加权体现了两个重点。第一,复试的第一项是考生与考试委员会谈话,就后者提出的一篇关于教育的文章发表看法并回答问题。因此项内容直接涉及对教育的认识,又可考查思维与表达能力,是重中之重,它的加权系数为 3,高于其他所有科目。第二,考生在报名时,须从初试的 4 项和复试的后 3 项中各选 1 项为主考科目,这两项的加权系数是 2,而非主考科目的加权系数仅为 1。这既体现了全面要求与突出重点的结合,也体现了前面所说的严格标准与灵活组织的结合,成为二者的汇合点。

(四)专门教育与统一培养相结合

专门教育与统一培养相结合一直是法国师范教育的特点,它表现为两个层次。

从宏观上讲,教师是一种专门职业,无论是知识、能力甚至道德都需要进行专门培养,这越来越成为国际教育界的共识,也为法国各有关方面所接受。正是基于这样一种认识,法国建立了普通文化和专业教育(至少 3 年)在大学或大学校完成,职业教育在师范学院完成的制度;同时,前者适当进行一些有关的职业入门培训,后者也安排一定比例的专业乃至文化教育。这是一种在时空中的双重结合。

从微观上讲,专门教育与统一培养的结合,集中地表现在师范教育机构的培训计划当中,而这又以现在大学师范学院的教学计划更为明确和制度化。一方面,学前、小学、中学是具有鲜明特点的教育机构,中学教师又分成数十种专业,每种学校和专业都有自己的课程体系、知识结构、能力要求和专门方法,它们必须在培训中得以明确体现;而就业形势的日趋紧张又使许多持有高于报考标准资格的人加入到师范生行列里来,使之成分更加复杂和多样化,培养工作必须适应这一新形势。培养目标和学生来源的多样化,要求师范学院的课程安排和教学方法必须非常注重个性化,甚至个别化,也可以说是另一个意义上的专门化。另一方面,各级各类教师又有共同的职责和大环境以及相似的小环境,他们也需要研究一些带有共性的问题,前述师范学院的公共课便为此而设。这种做法的另一个优点是,不同经历和方向的师范生的交流有利于他们互相启发,互通有无,在一定程度上有助于克服同一专业和职称的教师抱团排外的传统陋习。

(五)提高地位与物质鼓励相结合

在第二次世界大战之后的 40 多年中,法国幼儿学校和小学教师的法定学历分 5 次从高中毕业提高到高中毕业+5 年,与中学教师持平。这 5 次改革分别发生于 1946 年、1969 年、1979 年、1986 年和 1990 年。直接作用于改革的动因,最主要的是适应教育发展形势的需求和提高教师的地位。20 世纪 80 年代取消初中普通课教师职称及其资格考试,也出自同一目的。为了稳定在职教师,吸引优秀青年任教,法国在提高教师地位的同时还注意为他们解决待遇偏低的问题。除了为教师规定一些特有的福利待遇以外,还于 20 世纪 80 年代较大幅度调整了教师工资。另外,现在大学师范学院的学生第一年便可领取 7 万法郎的津贴,甚至通过预选的大学 3 年级学生在进师范学院之前就可以领到 5 万法郎的津贴。这都是为了造成一个环境,促进师范教育的良性循环。

第七章　成人教育

第一节　成人教育的发展

(一)悠久的历史

法国是世界上最早实施有组织的成人教育的国家之一。但是,在很长时间里,法国成人教育大多数属于扫盲和初等教育及初等职业教育的性质。直到 20 世纪 50 年代,成人教育才受到国家和社会的普遍重视。60 年代到 70 年代,开始得到迅速发展,不仅参加学习和培训的人数大为增加,教育层次也出现了多样化的发展趋势。人们将接受成人继续教育作为提高文化,学习技术,更好地胜任本人所从事的工作,以及提高生活质量和个性发展的需要。近 10 多年以来,法国成人教育进入改革、提高和稳步发展的时期。现在,人们越来越清楚地看到,由于当代科学技术的飞速进步和社会经济的全球化发展,人们的日常生活环境和工作环境都发生了很大变化,以往那种认为人的一生只需在最初的 20 年或 25 年里获得必要的知识技能,就能满足终身需要的观点必须改变。在当今的社会里,人们只有不断地占有新的知识,并提高自己的能力,才有可能创造新的就业机会。

成人教育起初在法国被称为民众教育,成人课程和成人班级等。法国有组织的成人教育始于大革命时期。在此之前,社会上也有一些职业行会组织过学徒和成人的职业培训。大革命时期,国民公会代表孔多塞提出应开展现在人们常说的"终身教育"的主张。1792 年,孔多塞在他提交的关于国民教育总体计划中指出,应当对走出学校的人进行学校以外的"终身教育",这种教育"能继续人生的整个过程,避免在学校学到的知识很快被遗忘,要让这些知识在人们头脑中始终保持一种有益的活动状态;同时,还要对人民传授他们应该知道的法律、农业研究、经济方法……"①。为此,孔多塞在总体计划中还具体提出了有关学校教育与校外教育相互协调的方案,包括开设成人学校等。大革命中,由国民公会创办的国立工艺博物馆(CNAM)在建馆后不久,于1796年开设了第一批工艺技术课程,允许人们自由听课,没有年龄限制。这是法国早期的成人教育。

拿破仑执政时期,政府鼓励工农业采用先进的工艺技术。1798年,巴黎举办了首次工业展览,展现了当时法国工业取得的重大成果。这一时期,工业界也开始注意到教育问题,并先后成立了教育机构,发展民众教育。1801年工业界发起组织起了"国有工业促进会",1815年又成立了"基础教育协会"。这些机构当时主要是推广由英国传入的"互助教育"。1828年到1834年间,巴黎开办了6所成人学校,参加学校的人数从几百人增加到几千人。成人学校基本上采用夜校的办学方式,工人们白天做工,晚上学习。巴黎的蒙戈费耶街工人夜校,招收了260多名工人,年龄从16岁到43岁。每天晚上从7点半到10点半,学习读书、写字、算术,还学习地理、装饰画等课程。这时,外省也开办了一些成人学校和星期日学校,培训工人和学徒。1827年阿尼什煤矿开办的学校,招收了400名工人及其子弟200多人。

1836年3月22日颁布了有关成人教育的一项法令,这是法国早期开展成人教育的一项重要法令。这项法令的规定,申请开办成人班级者,必须具备"道德行为良好证书"、学业证书和本学区区长的准许证,同时还须持有当地行政部门的审批意见,以及具备教学场地和课程计划。成人班级招收15岁以上的男孩和12岁以上的女孩;可视其家庭情况,实

---

① Antoine Léon: Histoire de l'éducation populaire en France, Ed. Femand Nathan. 1983.P.10.

行部分免费。成人班级应接受本地区初等教育督学的监督。该法令发布第二年，全国办起了1800个成人班级，到1848年发展到6800个，学生人数达到12万。之后，由于政局动荡和教会反对，法国成人教育一度停顿下来。迪律依教育改革时期成人教育有所恢复和发展，到普法战争前的1869年，在成人班级学习的人数增加到80万。

1866年10月25日，教育家让·马塞按照比利时教育联盟的模式，在法国创办了"法国教育联盟"，其宗旨是从事民众教育。第一批会员仅有3人，一个铁路司机，一个裁缝和一个警察。不过几年，该组织得到迅速发展，到1870年，拥有50个俱乐部和18 000名会员。第三共和国初期，"法国教育联盟"积极主张实行世俗的免费义务教育，办起了图书馆、军人中心、校友联谊会、学习互助组、夏令营、世俗少年之家，建立了"共和教育协会网"等多种民众教育组织。1890年，"法国教育联盟"参与成人班级改革，举办大众知识讲座。到20世纪初，该联盟支持实行"义务教育后教育"的主张。到1909年，该联盟发展到4122个分会，成员达80多万人，成为一个影响较大的民众教育组织。

1919年法国制定了阿斯杰法，该法被称为法国第一个技术教育宪章。按照阿斯杰法的规定，国家应全面负责整个职业技术教育，各地行政机关也应为本地的商业和工业学徒、成年工人和职员组织补习班和职业讲座；对18岁以下的男女青年，应保证他们有自由参加职业讲座和补习班的学习。补习班的学习可以分为3种，即初等教育的普通知识学习，职业技术基础知识学习，以及工厂实习。前两个内容可在补习班里进行，实习到工厂车间进行。根据规定，补习班的学习每周不少于4小时，每年不少于100小时。结业时，学员应参加基础知识和实践两种考试，合格者可取得"职业能力证书"。尽管阿斯杰法没能全部实施，但这已经表明成人职业技术教育开始得到重视，为法国中等职业技术教育的发展奠定了基础。

(二)二战后的大发展

二战后,法国国内的首要任务是恢复生产和发展经济。从第二个国家经济发展计划(1954—1957)开始,国家提出应该把教育当成一种"投资",应该看到"劳动力的'质量'越来越成为经济发展的重要因素",教育也因此被列入国家的重要议事日程。在具体做法上,开始增加教育投资,在努力发展正规学校教育的同时,也开始积极发展成人教育,努力提高劳动力质量。1956年政府在"关于延长义务教育年限,改革公民教育法案"中使用了"终身教育"这一概念,这是法国官方文件里第一次正式使用这个概念,并将它的任务规定为:在各个不同的方面延长、保持和补充学校教育,保持和发展各种水平的职业知识;使劳动者在职业和社会的不同层次上得到提高,要尽可能地开拓高等教育途径,为成人适应和重新适应因经济环境变化和技术进步而引起的职业变化创造条件。1957年政府颁布法律,提出了建立"工人教育假"制度,规定25岁以下的青年工人在工作期间,可以参加工会等团体组织的职业培训,接受培训期间不领取工资。后来有关法律作出进一步规定,使职工享有教育休假的权利在法律上得到承认。

1958年9月法兰西第五共和国成立。同年12月,戴高乐当选第五共和国首任总统。戴高乐上任后提出了发展经济,增强国力,提高法国国际地位的方针。鉴于发展教育在增强国力中的重要作用,政府于1959年提出了"社会培训"计划(后面将专门介绍该计划)。这个培训计划是在1938年"工人培训"和1948年"工作培训"建议的基础上,依据共和国初期的实际情况制定的,具有更加明确的政治和经济目的。从以后的实施情况来看,"社会培训"计划对于法国成人职业技术教育的发展产生了积极的影响,特别是对于提高劳动力的质量起了很大的促进作用。

20世纪60年代初,乔治·蓬皮杜任政府总理,这一期间,政府开始了工业化政策,经济结构发生了变化。这种变化意味着企业应迅速转产和需要大批有技能的劳动力。就教育而言,必须加快高等技术教育的发展,同时加快发展成人教育,并把它作为实施工业化政策的一个主要工具。为此,国家在这一阶段制定了两项重要法律。一是 1963 年 12 月 18 日法令,决定建立"国家就业基金",这个基金的主要目的是为就业或转换工作提供培训经费,为实习者发放补贴,以保证培训工作的开展。二是 1966 年的法令,决定国家与私人机构开展继续教育方面的合作,创办"职业教育和社会培训基金",它的一部分基金由上缴的学徒税提供。这项法令要求,提高、加快发展和完善成人职业教育;加强管理,协调资金分配,使培训工作具有连贯性。法令规定培训工作由企业、地方行政部门、教育机构和各教育协会共同组织,按照国家提出的目标开展培训活动。为保证培训工作的顺利进行,国家再次提高学徒税,由原来相当企业工资总额的 0.4％ 提高到 0.6％,职业教育基金会每年征收同样数额的基金。法令还要求加强工、农业部门的培训工作,扩大"教育休假"的范围。为了落实培训工作,国家与各培训机构要签订协议,明确合作双方互助互利的承诺。这种以协议形式的培训制度比较灵活,能够满足急需培训的职业和部门,有利于青年就业,有利于部门的转产,也有利于那些孩子已经长大的母亲重新开始工作。

1968 年颁布的"高等教育方向法"在规定高等教育任务时指出,"大学应该向国家输送各方面的干部,参与各地区的社会和经济发展,以满足国家的需求"。"高等教育应向已经毕业的大学生和没有机会继续求学的人开放,使他们能根据自己的能力,增加在本岗位晋升的机会或改变职业"。"大学应促进为各类居民及其各种目的服务的终身教育。在这里,尤其要利用传播知识的新工具"。如果说,1968 年以前国家发展成人教育还主要限于初、中等教育程度的话,那么从这以后,高等教育的一个重要任务就是要从事成人教育,或者说,国家要求成人教育也应该具有高等教育这一层次。这是在新的条件下,提高成人教育的作用和地位,以能更好地适应社会经济的发展和科学技术的进步。近 30 年来,成人教育已成为法国高等教育的重要组成部分。

1971 年 7 月,法国颁布了第 71-515 号法令,即"继续职业教育法"。它包含 4 项法律,它们是:"终身继续教育法""职业训练法""技术教育法"和"企业承担初等阶段职业技术教育经费法"。

继续职业教育法是战后法国在职业技术教育和成人继续教育方面的一项十分重要的法令。它的重要性就在于,它以国家法律的形式把继续职业教育确定为国民的义务和权利,国家通过这种教育来提高劳动者的专业资格和文化水准,以适应技术和工作条件的变化,加速经济增长和工业化的过程。同时,这个法律的倡导者还希望通过这种途径,能给所有的人创造第二次机会,让劳动者通过确定他们所缺乏的专业知识和就业资格,来实现得到晋升的机会,以提高他们在社会上的地位,使"每个劳动者能够达到真正的经济民主"。从某种意义上讲,1968 年学潮说明学校已不能完全保证人们成功的机会均等,而有必要通过多种方式普遍使人们得到均等的提高和晋升的机会。

继续职业教育法规定,继续职业教育是终身教育的组成部分,其目的是使劳动者能够适应技术和工作条件的变化,并通过各种程度的文化及职业资格的社会培训使之得到提高,从而促进文化、经济和社会的发展。为了确保继续职业教育的实施,国家、地方、企业和工会应协调一致,以不同的方式进行投资;职工享有带薪的培训假期,参加由国家或就业与职业委员会认可的培训;培训期间企业应照常发给参加培训职工的工资;凡雇佣 10 人以上的企业,每年应拿出相当本单位工资总额 0.8% 的经费用于继续职业培训;有能力自行组织培训的单位(企业),可用这笔费用开展职工培训活动;否则,亦可将经费交纳国家或培训基金会,或专门培训机构,由它们负责培训本单位职工。1971 年继续职业教育法的颁布和实施,是战后法国成人教育发展中的一个新起点。它从人员、培训经费、培训时间和培训机构等基本方面,保证了成人教育的发展。

为了落实继续职业教育法,进一步推动成人教育的发展,从 1973 年开始,国家实行新的政策,吸收中等学校和大学机构参加这一工作。国家与大学之间签订协议,由国家为大学提供专项经费,设置专职教师职位,大学实施培训。

　　1978年,法国议会通过了"培训假法",对1971年法令作出了补充规定,在同一行业工作2年以上,其中半年以上在现单位工作的职工,可享有500小时的带薪培训假期。通过立法、投入经费、设立机构等措施,70年代法国成人继续教育得到较快的发展,如下表所示。

法国职业继续教育发展情况(1972—1979年)

	1972年	1973年	1974年	1975年	1976年	1977年	1978年	1979年
培训人员(千),其中:								
国家	958	956	888	877	805	894	993	1041
企业和培训保险基金	1049	1525	1850	1960	2004	2020	1931	1685 ①
培训小时/人员(百万)								
国家	182	180	185	180	189	206	250	
企业和培训保险基金	78	105	115	118	122	113	117	92.4 ②
预算(10亿法郎)								
国家	1.7	2.0	2.3	2.7	3.1	5.1	6.8	
企业	2.8	3.7	5.0	5.8	6.5	7.9	8.6	
企业培训经费比例								
(占工资总额比例%)	1.35	1.49	1.63	1.63	1.62	1.76	1.82	1.81
参加培训的职工比例(%)	10.7	14.6	17.1	17.6	17.4	17.7	17.6	17.2

资料来源:Antoine Prost, Histoire générale de l'enseignement et de l'éducation.1981. P. 607.

①包括有工资收入和无工资收入的工人;

②不含培训保险基金。

　　从以上情况可以看出,整个20世纪70年代,国家和企业对继续教育的投资有较大的增加,分别增长4倍和3倍。企业用于职工培训的费用从占工资总额的1.35%增加到1.81%,大大超出国家规定的0.8%。企业接受培训的人数由占职工总数的10.7%上升到17%。1968年过后,法国社会上流行一种看法:同生产资本一样,知识也是一种资本,终身教育应该成为人们获得自由,特别是获得经济上的平等的一种有效的工具。

为了全面了解和研究国内外职业培训方面的信息及发展动态,以便国家能更好地制定相关政策,1976 年法国成立了终身教育信息发展中心(—Centre INFFO)。该中心负责出版有关终身教育的法律指南与文件,还开办有培训目录、文献资料和"终身教育信息发展——培训期国家数据库"等刊物,负责统计各地区、各行业举办培训的信息,发展微型视频终端上的远距离信息传送,以便为广大公众提供更多的有关职业培训教育的开办、法规和最新信息,帮助人们根据个人的实际情况,有针对性地选择适合自己择业和提高的培训。

1977 年,法国专门成立了职业教育部,与国民教育部平行,以加强和促进成人教育持续有序地发展。职业教育部下设继续教育局,主管包括成人教育在内的整个职业教育培训,负责制定有关的规章制度,分配培训经费。国民教育部高教司下设的继续教育处,则负责管理高教系统的继续教育,加上学区原有的机构,便形成了一个比较完整的成人继续教育系统。

随着生活水平和普通文化水平的提高,人们对于教育产生了新的需求。1973 年,法国教育学家皮埃尔·韦拉在图卢兹市创办了第一所"第三年龄大学",也叫"老人大学"。按照创办者的意图,第三年龄大学应该"主要成为旨在提高老人的健康、心理和社会水平,安排适合他们活动的教学内容的公共机构"。起初,图卢兹第三年龄大学招收各行各业的退休人员。当时的 1 200 名学员中,平均年龄 65 岁,最年轻的已年过半百,最年长者已是耄耋之年。主要课程内容包括:体能训练、防治生理机能老化、饮食与卫生知识、营养与保健、社会活动与服务、生活情趣、有关老年福利问题的解答与咨询等。不难看出,这里的成人教育所追求的是提高人们的生活质量,而并非为了生计。

第三年龄大学的教师可由在职或退休的大学教师或其他教师担任,

也有校外人士,如工程师、公务员等。到这里来授课教师大多是自愿的,也有部分人领取少许酬劳。学校通过多方筹集办学经费,除学员交纳部分学费和其他少量费用外,国家和地方提供补贴,私人提供赞助。

经过20多年的发展,第三年龄大学的活动越来越丰富,内容越来越广泛。除了教学与研究之外,还开展艺术创作,文化活动及其他各种活动。教学中经常围绕各种主题进行研讨活动,如有关历史的、科学的、技术的、艺术的、时事的等等。有些课程还开设实践课,如文学、哲学、心理学、地理、社会学、外语(包括汉语和俄语)、体育、柔软体操、游泳、射箭等。研究活动在大学教师、专职研究人员和专家的指导下进行。方式灵活多样,可开展小组合作,也可是个人研究。研究成果可以发表在有关刊物上,也可以成书出版,还能参加学术会议。艺术创作活动内容更是丰富多采,有戏剧和音乐,绘画和雕刻,写字与诗歌,而且这些活动都得到有关专业机构的帮助和支持。

第三年龄大学自在法国创办后,先是在欧洲各国,然后又很快在各大洲发展起来。现在,除非洲大陆以外,全球各大洲的第三年龄大学已发展到千余所。1980年,法国各地的第三年龄大学积极开展交流与合作,正式成立了"法国第三年龄大学联合会"(UFUTA)。现在该联合会已拥有48所大学以及所属的195个分支机构,学员8万多人。根据联合会章程,每两年召开一次全国性会议,互相交流办学经验。为了促进全球老人大学的发展,各国的第三年龄大学还成立了"国际联合会"(AIUTA),该联合会作为一个非政府组织,已得到了包括联合国教科文组织、世界卫生组织、国际劳工组织和欧洲议会等权威性国际机构的认可,影响越来越大。

进入20世纪80年代以来,法国经济增长缓慢,甚至出现负增长(1993),失业人数高居不下,尤其是青年失业人数占有相当的比例。为了能使更多的人就业,国家把加强继续教育作为一项重要政策。

1984年高等教育法在规定高等教育的4项基本任务中,第一项就提出要求高等学校要"进行起始教育和继续教育";继续教育的对象应包括所有已就业者或尚未就业者。为搞好高等学校的继续教育,职业界应参与这方面工作,企业和经济界应派代表参加制定课程计划,企业的实际工作者参加教学活动。继续教育的教学实习可安排在国营企业、私立企业或行政部门,还可以在这些部门组织工读交替制的教学。1989年颁布的教育方针法又明确规定:"终身教育应是教育机构的一项任务,使每个人有可能提高其教育程度,适应经济和社会变迁,并使掌握的知识具有有效性。"

近10多年来,法国成人教育的一个明显特点就是高等学校广泛参与。随着就业资格普遍的和不断的提高,成人教育更多地转向了高等教育这一层次,这一点与20世纪50年代和60年代,甚至与70年代的情况相比也都发生了变化。现在,成人继续教育已经成为法国高等学校教学工作中的重要组成部分,并步入了正规化和制度化的阶段;而高等学校的成人继续教育也已成为法国整个继续教育的主要组成部分。

第二节 社会培训和培训假制度

战后,法国面临恢复生产,发展经济,重建国家的繁重任务。但这时由于要应付印度、阿尔及利亚等局部战争,军费开支大增,致使财政出现巨额赤字,人民生活非但没有提高,反而下降。这样,建立不到12年的法兰西第四共和国就在广大民众的一片抗议声中结束了它的生命。1958年10月,法兰西第五共和国宣告成立。戴高乐当选总统后,采取了一系列有力措施,法国国内形势很快开始好转,为经济发展创造了条件。

第五共和国初期在为恢复和发展经济所采取的一系列重要措施中,加强科学研究和技术引进,大力提高劳动力质量,促进生产效率的提高,发挥了重要的作用。1959—1969年,国家用于科学研究与发展的经费从30亿法郎增加到138.6亿法郎,专职科研人员从1.2万增加到4万。这一期间法国有好几位科学家获得诺贝尔奖。工农业生产中大量采用新设备、新技术、新工艺,劳动生产率大为提高。

为了适应新的发展变化,第五共和国首任政府总理德勃雷于1959年7月提出了"社会培训"计划。所谓社会培训,其字面意思是"社会晋升",即职工通过学习和培训,提高自身的职业技能和文化水平,获得新的和更高的就业资格,得以晋升;同时,职工水平与技能的提高又可以促进企业水平的提高,这样,个人和企业的提高最终使整个社会得到进步和发展,因此称为"社会晋升"。不过,这种晋升并不意味着每个参加培训的人一定会得到职务上的升迁;实际上,这两者之间既有联系又有区别。

早在1938年和1948年,法国就曾经提出过"工人培训"和"工作培训"两个建议。1959年的社会培训计划正是在这两个建议的基础上形成的,只不过更加明确地赋予其政治目的和经济目的。就政治方面而言,新政府是想通过社会培训"促进公正和统一"。第四共和国时期,由于各派政治力量纷争不已,政府更迭频繁,政局不稳,国民思想不统一。戴高乐执政后,决心扭转这种局面,让"意见统一的国民分担国家的命运"。因此,社会培训计划的宗旨就是要使得每个人都有更多的机会,通过各种培训来提高自己的社会地位,实现机会均等,以建立起一个公正、安定、统一的社会。就经济方面而言,政府是要通过提高劳动力的质量,大力提高劳动生产率,达到促进经济高速发展,提高国力的目的。而当时法国在这方面的形势是严峻的,工程技术人员严重"老化",且数量不足。全国仅有的13万工程师中,半数以上的人年龄已经超过45岁;每年退休的工程师人数超过大学新培养出来的工程师,使得各行业的技术人员逐年减少;另外,每年培养的10多万名技术工人,只能满足实际需要的1/4,等等。鉴于这些情况,政府决定通过实施社会培训计划,将各行业需要的技术工人增加50%,工程师和工长等技术干部的数量增加两倍。

这样,社会培训的政治目的和经济目的,都体现在"工人培训"和"工作培训"活动之中。工人培训主要是面向工会干部和青年运动骨干,使他们获得更多的经济、社会方面的必要知识,更好地适应工作。工作培训包括成人职业培训和工作高级培训。前者通过成人职业教育,取得职业能力证书和职业证书,培养技术工人和工长;后者通过国立工艺博物馆及其各地的培训中心等机构,面向工程师、高级技术员,以及经济和行政管理部门的干部。在实施的过程中,从中央到地方都设立相应的机构,组织和协调培训活动。国家下拨经费给予支持,规定参加培训人员在培训期间照常领取工资;广泛设置培训机构,国立工艺博物馆在全国100多个城市开办培训中心,使参加培训的人数从18万(1960)很快增加到43.5万(1965)。这些措施在一定程度上缓解了发展经济与人才缺乏之间的矛盾,并对以后的成人教育的发展产生了积极的影响。

20世纪50年代末,法国国内的新兴工业迅速崛起,必须对传统工业进行大规模的技术改造,因而使生产组织和劳动力结构发生了很大的变化。"社会培训"被视为"积极的就业政策",使得与传统工人有所不同的新工人的人数迅速增加。新工人按照经过培训的技术水平和文化程度分为熟练工人、技术工人和普通工人。熟练工人的工作是控制电气开关和仪表,或是观察电视屏幕和监视生产过程,或是保养和维修机器。技术工人的主要工作是在自动流水作业线上,普通工人主要从事打杂等繁重的工作。到20世纪80年代初,法国的熟练工人和技术工人已占工人总数的80%以上。

随着社会培训计划的实施,培训内容不断得到开拓,并增加了文化活动和娱乐活动,以丰富人们的精神生活,从而体现出社会培训的文化性和娱乐性。

法国战后成人教育的发展,除了是为了适应经济发展的需要之外,也与这一时期国际上出现的大力提倡终身教育的思潮有关。1956年法国首先使用了"终身教育"这个概念。1965年,法国著名的成人教育专家保罗·郎格朗提出的关于终身教育的提案受到国际上的重视。1970年他的《终身教育引论》一书的发表,使他成为终身教育思想的代表人物。1970年的"国际教育年",联合国教科文组织还专门召开会议讨论了关于

"终身教育"的议题。郎格朗从事教育工作多年,先后担任过中小学教师和大学教师,还从事过职业教育,担任过职工教育中心主任,因此他具有丰富的双重教育(普通教育和职业教育)工作经验。后来又出任联合国教科文组织总部终身教育处处长。他的终身教育理论成为这一时期法国继续职业教育发展的主导思想。郎格朗认为,终身教育的基本作用就在于"保证教育的连贯性,以防止知识过时;使教育计划和方法适应每个社会的具体要求和创新目标;在各个教育阶段都要努力培养新人,使之能适应充满进步、变革和改革的生活;大规模地调动和利用各种训练手段和信息……,在各种形式的行动(技术的、政治的、工商业的等)和教育的目的之间建立密切的关系"①。可以看出,郎格朗的这些主张完全符合战后国际的现实社会经济发展的要求。

为了调动职工参加社会培训的积极性,保证继续职业教育的发展,法国通过立法建立起培训休假制度。培训休假制对职工带薪培训作出了明确的规定,它把工资劳动者参加社会培训当作职工应享有的权利,同时又规定了享有这一权利的条件、假期的长短和形式、参加培训人员的比例等,以此兼顾职工和企业双方的利益,有利于减少工作与学习培训的矛盾。

带薪培训制规定,凡享有培训假者,必须在本行业工作不少于两年,其中在现企业工作的时间应在半年以上;200人以上的企业,同时离岗参加培训的人数不得超过本企业在职职工总数的20%;200人以下企业,参加培训的职工,其培训时间不得超过本企业全体职工全年工作量的2%;凡符合享受培训假条件的职工,应向雇主或企业委员会提出培训申请,经批准后,方可离岗参加培训;凡符合培训条件的申请人,雇主不得拒绝批准。该制度还规定,培训假最长期限为1年或1 200小时。根据培训时间长短可分为:部分时间培训假,短期培训假,半日制培训假和全日制

---

① 保罗·郎格朗:《终身教育引论》,中国对外翻译出版公司,1985年。

培训假几种。培训休假时间也可以采用多种形式,或集中一段时间,或分散为几个月,或全脱产或半脱产。无论何种培训休假,职工在培训期间,工资由国家和企业分别负担。职工培训后的工资与培训不直接挂钩。参加培训的职工结业后,一般仍回原单位从事原来的工作,领取原来的工资。培训只是为职工晋升提供一种机会,是否晋升,还需要其他条件,如工龄、技能及有关法规等。培训休假制度的确立和完善是继续职业教育得以开展的保证。

总之,法国从20世纪50年代开始,60至70年代大力发展的社会培训是提高劳动力"质量"的一个被证明有效的措施,对于提高企业的劳动生产率,促进社会经济的发展,都起到了积极的作用。同时,进行这种"新的培训(职前的或职后的),以授予为世界竞争和技术进步所必需的新的资格"。因此,社会培训也符合世界的发展潮流。1996年是欧洲联盟确定的"教育年",并为此发表了一份"教育白皮书",其宗旨是主张大力发展终身教育和培训,为增加就业创造条件。法国前总理、现任欧盟研究、教育和培训专员艾迪特·克莱松在谈到当前法国和欧盟的教育改革及发展终身的教育和培训时指出,同过去的50多年相比,近10多年来人们的日常生活和工作环境都发生了前所未有的变化。科学和技术的进步,信息技术极为广泛的运用,正改变着各种劳动关系,改变着企业的生产过程,也改变着企业里每个人的位置和作用,而且这种变化还会继续下去。随之而来的就是普遍要求人们不断地具有新的知识,重新确定自己的能力。新的知识和适应能力只有通过不断的教育和培训才能获得。这就必须改变传统的教育观念,即"一次受教育终身受益的观念"。未来的社会是一个认知的社会,是一个建筑在人的一生都需要不断获得新的知识的基础上的社会。在这样的社会里,人们需要不断地受教育和重新学习,才能创造自身就业的机会,应该让欧洲公民都认识到这一必然的转变。克莱松夫人的这番谈话反映了欧盟国家的决策者们认识到,在当今这样一个经济发展世界化以及由此引起的竞争中,必须改变传统的教育观念,大力开展终身的教育和培训,去迎接新时期的挑战。在开展终身的教育和培训中,毫无疑问,高等教育比以往任何时候都应该发挥更大的作用。

第三节　大学及其他机构的作用

1985 年 3 月,以法兰西学院著名社会学家皮埃尔·布迪厄为首的专家小组,向共和国总统呈递过一份关于"未来教育"的报告。尽管这既不是一项教育计划,也不是一个改革方案,但是它反映了一批有识之士对社会和教育的深刻思考,是一份集体劳动的智慧结晶。该报告提出了 9 项基本原则,其中有关"提倡连续和交替的教育"原则是,"教育应当在人的一生中持续进行,必须采取一切措施,以减少在结束学校教育与开始职业生活之间存在的割裂状况……教育应当被看作所有人都能共享的活动,而从事某种职业活动的人往往也可以同时接受高等教育。从这种意义上讲,可以把高等教育设计成为充分利用校内外一切能够消除学习与职业生涯之间鸿沟的手段并进行终身教育的实施设施"①。应该说,社会发展到今天这个时代,人们职业生涯的开始并不意味人的一生学习的终结,而应该将从业与接受高等教育交替进行。同时,高等学校不仅要担负起始教育,而且也应该承担人们的终身教育。

(一)大学

很久以来,法国成人教育主要是初、中等教育,然而,随着就业资格的不断提高,从 20 世纪 60 年代后期,国家提出高等学校应该对成人(包括接受过和未接受过高等教育的)开展继续教育和终身教育,以帮助人们增加晋升机会或重新择业。从这时开始,又赋予了高等学校新的使命。30 多年来,法国的成人高等教育得到很大的发展,高等学校在成人

---

① 　瞿保奎主编:《法国教育改革》,人民教育出版社,1994 年,第 490 页。

继续教育的活动中,也发挥着越来越大的作用。现在,法国各高等学校大多设立了专门的成人继续教育和终身教育机构,配备有专兼职教师,根据各类培训目标制定有相应的教学大纲,并按规定发放各种文凭和学位。

比如,南特大学是一所文、理、医、工科综合大学,创办于1461年。现在,该校除15个"培训与研究单位"外,还专门设有"继续教育部",负责协调全校的师资力量,开展成人继续教育。南特大学的继续教育包括社会培训、青年培训、进修培训和第三年龄大学等多种类型。

社会培训是一种多层次的教学培训,它根据学员不同的程度和学习时间,开展不同的培训。如招收高中毕业生,学习2年夜校课程,或1年的全日制学习(可按有关规定由国家提供经费),成绩合格者,可取得该校所属大学技术学院文凭(DUT)。设置的专业有电子工程、机械工程、民用工程、化学工程、物理测量工程和信息工程等。另外,招收持有卫生与社会部门3级就业资格证书或具有该部门5年以上工作经验者,学习3年(每年450小时);学业结束时,经考试合格,可取得"劳动社会科学"学士或硕士学位。

青年培训分为两种,一种招收持有高级技术员证书者,从事法律、管理等专业的学习与培训,培训时间为700学时;培训期间按规定可领取国家规定的"各行业最低保证工资(SMIG)"的75%。另一种招收持有大学学士学位、年龄在22—25岁的青年,接受管理微观信息专业培训600学时;培训期间可领取SMIG的75%。

进修培训的时间一般较短,学员起点较高,专业多样。第一。招收高级职员、技术员和工程师的信息技术培训,培训期为48小时。第二,管理与信息高级培训,接受高级职员、工程师和高级技术员,进行计算机文件处理培训,培训时间为32学时。第三,技术与科学培训根据不同专业,培训时间亦不同。工业程序自动化培训为24学时,招收工程师和技术员;微处理机技术培训40学时,招收技术员;核磁共振起始培训为40学时,招收化学专业人员;核磁共振提高培训为40学时,招收化学专业工作者等。第四,卫生与社会部门培训包括成人精神病培训、血清反应试验培训、社会立法与劳动法培训以及书面和口头表达与交际培训等,培训时间因专业而异。

南特大学第三年龄大学的任务是:开展社会—文化、医疗—体育活动;文化遗产继承活动;退休生活准备活动,如行政管理、财务、社会等方面;参与大学有关的研究工作,如老人问题专题,包括医疗、法律、经济、社会等。开设的课程有文学、历史、外语、音乐、瑜伽、体操、绘画、书面与口头表达等。学校还根据老人的特点和需要,组织一些专门活动,如南特地区历史见证研究、家庭意外事件预防、踏青郊游等。

可以看出,南特大学的成人继续教育是为了满足社会生活和经济生活各个方面的需要,并根据不同的需要开展相应的教学与培训,学制灵活,内容多样,培训活动具有很强的针对性、实用性和时效性。

又如,贡比涅工艺大学创建于1972年,当时正是法国成人继续教育蓬勃发展的时期,因此从建校开始,学校就把继续教育作为本校一项基本任务,尤其是继续工程教育。校方认为,开展继续工程教育是满足现代工业生产不断增长的一种重要手段,大学应该发挥教学潜力及设备条件,适应社会、科学和技术的发展变化,为更多的人提供学习和提高的机会,为当地的经济发展服务。尽管该校创办时间不长,但已成为法国众多高校中的后起之秀。

贡比涅工艺大学拥有可供开展继续教育使用的4万多平方米的实验室、图书馆,专兼职教师百余人。每年除招收本国的工程技术人员和管理干部外,还招收外国的工程师和管理人员。该校针对不同的国家和地区(巴西、中国、埃及等)的培训人员的需要,制订不同的教学方案。开设的专业方向包括生物医学工程、生物工艺学、材料力学工程、化学—热学—能源工程、电子与测量、信息技术等。除理论教学外，还进行各种实习。

大学远距离教学中心是法国高等学校从事成人继续教育的重要机构，也称作大学广播电视教学。最初，远距离教学中心是为那些由于各种原因不能到校学习的大学生，通过函授教学帮助他们完成学业的一种方式，后来发展成为进行成人继续教育的一种机构。1963 年，第一批中心在巴黎、里尔、波尔多、南锡和斯特拉斯堡 5 所大学开办。20 世纪 60 年代中期又有一批大学开办了这类中心。现在，全国共有 22 个大学远距离教学中心，并成立了"大学校际远距离教学中心协会"（FIED）。20 世纪 90 年代初，参加中心学习的人数达数万人，其中一半为在职人员，年龄从 20 多岁的青年到年逾古稀的老人。

大学远距离教学中心招收高中毕业生或同等学力者，主要从事高等教育。中心开设大学各阶段课程。格勒诺布尔第二大学的远距离教学中心开设了经济学、法律（国际私法、国际公法、商业法等）的第一阶段和第二阶段课程；经济与欧洲研究的第三阶段课程；欧洲管理证书课程等。有些中心还根据不同的需要招收特殊学员，如在兰斯大学远距离教学中心的心理学专业，社会工作者占 16％，医院看护病人者占 10％，海关、邮电、银行职员等第三产业部门的占 20％。

在中心注册的学员中，20—29 岁年龄段人数最多，其次是 30—34 岁的成人。中心实行收费制，一个学分收费 100—350 法郎（因中心不同而异）。巴黎地区的大学远距离教学中心，注册大学第一阶段学业文凭须付 250 法郎，注册第二阶段学士或硕士学位须付 1 200 法郎。教育部根据各大学中心的招生情况提供补贴，1990—1991 年度提供的补贴为 2 600 万法郎，1995 年增加到 5 600 万法郎。

（二）全国远距离教育中心

全国远距离教育中心（CNED）是法国又一个重要的教育教学机构，

创办于 1939 年。最初为全国电视教学中心（CNTE），后改为全国函授中心（CNEC）。根据 1979 年国家有关条例，该中心作为具有行政管理特征的国家公立机构，隶属国民教育部。1986 年最后定为现名，隶属国民教育部。1993 年，该中心将总部设在法国中西部古城普瓦提埃，下设 7 个教学中心。该中心的主要任务是开展远距离教育，以保证因各种原因不能到校学习或在国外的法国人接受初中等教育和大学教育。同时，该中心还与国际上其他有关组织和机构合作，广泛开展远距离教育，如远距离教育国际理事会（ICDE）、联合国教科文组织、联合国工业发展组织（ONUDI）、文化技术合作局（ACCT）等。近 60 年来，该中心不断采用先进的技术和传播手段传播知识。在今天，随着职业变化和人们需求的多样化，该中心改进服务，考虑培训的方式、学习节奏和个性化的教学，以满足人们的各种需求，让人们能够做到边学习边工作，不断学习，不断提高。

全国远距离教育中心开展的高等教育是与教育部授权的高等学校共同担任的。对于那些想取得国家高等教育文凭的人，应同时在该中心和一所高校注册，并选定本人所修的专业。该中心从事的高等教育包括大学第一二阶段文凭和学位，以及第三阶段第一年的高级专业学业文凭（DESS）。开设的专业有：建筑、艺术、音乐；生物、生物化学和自然科学；商业、销售；交际、文献；会计、金融管理；法律、经济；电气、电子技术；环境；教育培训、教学法；信息；外语；文学；数学；医学、药学；社会学；哲学、心理学；物理、化学、材料学；工业技术；秘书、办公自动化等。该中心实行收费教学，费用因学科、学时不同而不同。如，国际商业专业，教学 500 学时，收费 985 法郎（1996—1997 年度）；会计与微软信息，教学 30 学时，收费 700 法郎（1996—1997 年度）；植物生物技术，教学 200 学时，收费 1 545 法郎（1996—1997 年度）；环境管理与农业和农村自然资源专业，教学 100 学时，收费 1 545 法郎，等等。

根据 1971 年继续职业培训法和 1993 年 12 月 20 日五年计划法令的有关规定，在职职工或申请就业者或利用"再就业培训津贴"（AFR），或以"国家职业培训实习者"（SIFE）身份参加该中心的继续职业培训。继续职业培训的收费情况与上面的情况不一样。继续职业培训包括领取工资者、不领取工资者（个体劳动者、自由职业者）和国家公职人员，其培训费用或由本人所在机构提供，或该中心规定减少 40% 的收费。

(三)国立工艺博物馆

国立工艺博物馆（CNAM）是法国创办最早，影响最大的成人教育机构。1794 年，根据国民公会委员亨利·格雷古瓦的建议创办了这一博物馆，它与巴黎理工学校和巴黎高等师范学校一起，成为法国重要的国立高等教育机构。该馆隶属教育部，有权授予高等教育国家文凭。

经过 200 多年的发展，国立工艺博物馆现已成为一个从事教学、研究和传播科学文化知识的综合性机构，与一般意义上的博物馆有着很大的不同。

早在建馆初期的 1796 年，该博物馆就开设了第一批工艺技术课，供人自由听课，没有年龄限制，也没有入学文凭要求，这一传统保留至今。工艺博物馆开展的教学可以算是法国最早的"社会培训"，也是最早的成人教育。现如今，国立工艺博物馆开办了 12 个系，21 个学院，还在国内 100 多个城市设立了地区教育中心；拥有 6 000 多名专兼职教师，学员达 10 多万人。该博物馆是法国少数有权授予国家高等教育文凭的著名"大机构"之一。它为那些没有进入高等学校的人开设高等教育课程，并针对学员不同情况采取不同的教学方式，或是业余时间（夜晚或星期六）教学，或是为享有培训假的在职人员开课。课程分大课（理论课）、实践课和实习。该馆根据不同要求，学习不同的课程和学制；学习结束，通过考试，成绩合格，修满学分，可分别颁发大学第一二阶段文凭，高级技术员证书,工程师文凭,经济师证书,劳动心理学文凭,行政管理文凭,人事管理文凭,以及大学第三阶段的深入学习文凭,直至博士学位。这些文凭和学位与其他高等学校颁发的国家高等教育文凭等值。另外,也有许多人到该博物馆参加各种学习并不是为了取得文凭,也不是为了重新择业,而是借助这里良好的学习与研究条件,学习科学文化,获得新的知识。毫无疑问,这对国民文化水准和素质的提高十分有利。

从事科学研究是国立工艺博物馆的传统,也是该博物馆的一项重要的工作。自19世纪初法国机械师约瑟夫—马利·亚卡尔在该博物馆发明织布机后,这里逐渐开展起科学和技术研究。该博物馆的科研工作密切结合工业技术的发展,特别重视工业产品的改进,讲求实效,注重开发研究和应用研究,这已成为该馆科研工作的一个显著特点。该博物馆下设3个研究所,23个实验室,其中控制实验室为国家实验室,拥有300多名研究人员,负责10个专业的质量检验、确定国家法定标准、颁发实验合格证书。该馆所属的著名的圣西尔航空技术研究所的实验室面积为6500多平方米,安装有10个大型送风设备。该实验室负责法国所有运输车辆、民用和军用飞机以及法国国营铁路公司的机械实验工作。国立工艺博物馆的研究方向主要集中在以下方面:物理测量与计量学;能源、物质与加工方式;信息与通信;科学与工业评估政策;消费者保护;工作中的人;学校与职业方向指导等。

当然,法国国立工艺博物馆也没有忽视博物馆的基本功能,它的"技术陈列馆"是供人们参观科学技术成果的场所,它可以让人们充分了解法国及世界科学技术的发展。陈列馆占地1万多平方米,有近代各历史时期的珍贵展品9万多件。展品中,有被称为"飞机之父"的克内芒·阿代尔制造的第一架飞机——阿代尔蝙蝠;有约瑟夫·居纽发明的第一辆机动车——居纽车;还有世界上最早制成的显微镜之一;等等。馆内展品琳琅满目,工艺精湛,可以使人们领悟到人类文明的发展和技术进步的伟大,也是对青少年进行科学教育的好场所。另外,该博物馆内的"技术情报馆"居法国同类图书馆之首,藏书十分丰富。馆内各种现刊几千种,地质图三千多种,各种专著几十万册,每年接待读者几十万人。

总之,经过多年的发展,法国成人教育已形成了比较完善的办学体系和机构,并形成了一套适合法国国情的成人教育的办学特点。这主要表现在以下方面。第一,通过国家有关立法,规定成人继续教育和终身教育的性质、任务和执行措施,包括人员接受培训的条件,经费来源,培训办法和时间,培训机构等。1959年通过颁布社会培训法,建立了"社会培训基金",为职工培训提供必要的经费。1971年继续职业培训法规定,10人以上的企业每年用于本企业职工培训的经费不得低于本企业工资总数的0.8%,1984年又将这一比例提高到1.1%;同时规定,违反法规的企业要受到处罚。国家通过制定法规,保证了成人教育的正常进行和发展。第二,调动国家、地方、企业和教育机构多方面的积极性,共同协调成人继续教育的发展。全国成人教育的发展由全国终身教育发展总署统一规划,地方(学区和省)协助协调,企业和各类教育机构具体实施,并形成一个广泛的社会化的成人教育网络。第三,充分发挥高等学校在成人教育中的作用,并用法律的形式,将开展成人教育列为高等教育的一项基本任务。近年来,技术进步以前所未有的速度向前发展,这就必然要求人们不断获得新的知识,并重新确定自己的能力。据专家预测,在未来的一二十年里,美国的蓝领工人将会从1995年占全国劳动力的20%减少到10%,甚至更少,同时,由于办公自动化的普及,非专业的白领工人的比例也将从现在的40%减少到20%—30%;而其余的60%—70%的劳动大军,就将由知识型人员组成,包括技术熟练的制造队伍、信息系统的设计人员、管理人员、教授、教育工作者、科学家等。可以预见,这种社会成员新的分工将成为一种全球性的发展趋势,知识型人员不久将成为未来在职人员的主体。到时，只具有初中等文化的人，将难以适应这种形势。因此，从现在起，让更多的人接受高等教育，不断获得新的知识，才能适应技术进步和生产力的发展。人们也才会有更多的机会重新就业和择业。从这个意义上讲，高等学校从事成人教育，已是当今时代发展的要求。

结束语：法国教育
改革的特点和发展趋势

纵观法国教育的发展，特别是变化最突出、最深刻的战后40多年，可以发现以下一些特点，它们大多也可称为趋势。

1.分歧中的一致

在教育发展的不同阶段，不同党派和团体之间，不同地区和学校之间，不同个人之间，存在分歧是正常现象，法国人好争论的习性加剧了这些分歧。但同时应该看到，这些众多的分歧包含着一定的一致和统一，而且它们越到后来越明显，那就是追求教育的科学化和民主化。下面，仅以表现最突出的最近一个阶段的改革为例。

法国20世纪八九十年代的教育改革可以大致分为4个阶段。1981年春社会党开始执政到1986年议会选举为第一阶段，在5年左右的时间里，两届政府和两任教育部长进行了各级各类教育改革的准备，然后开始逐步实施。1986年议会选举到1988年春总统选举为第二阶段，自由派因在议会选举中获多数而组阁，在法国历史上首次出现了左派总统和右派政府"共处"的局面，政府提高教育质量、鼓励竞争的措施因时间紧迫和准备不足而未能全面铺开。1988年社会党在总统选举中再次获胜是第三阶段的开始，改革全面实施。1991年右派再次组阁，法国教育改革进入第四阶段。

长期以来，法国两大派政治势力分别主张大众教育和英才教育。10多年间政府色彩左——右——左——右的变化，必然影响到教育改革的方向。另外,同一派的历任部长之间,观点也不尽相同,往往风格迥异。于是,便使法国近年来的教育改革的曲折和起伏超过以往任何时候。在这种情况下,改革的连续性不够,经常虎头蛇尾,甚至前后矛盾。

不过,透过这些年5届政府5任教育部长教育思想和教育政策的不同,可以发现寓于分歧中的一致,寓于变化中的不变。如前所述,有一些问题始终受到重视,那就是改进普教质量,克服失败;加强高教的适应性,减少淘汰;提高教师水平,改善他们的地位和待遇;分权放权,增加教育系统的灵活性。

10多年改革的共性不仅停留于重点和措施的一致或相似,而且还表现在不同倾向之间的相互影响和渗透。长期以来,左派主要强调教育的民主化和入学率的提高。在这些年中,三届左派政府和部长除继续坚持他们的一贯主张之外,也采取了不少提高质量的措施,如加强小学知识教学、改革初中教学组织、提高大学教学的应用性等。而另一方面,一直坚持英才教育的自由派,不仅强调自由和竞争,也主张在数量方面下功夫,特别是在1986年提出了20世纪末使法国3/4的同龄人具有高中毕业学历的目标。

这一切表明,不能再像过去那样,以一句口号或一项政策简单地判断一个政党、政府,乃至个人的政治倾向,教育和社会发展的规律使不同的观点相互接近和渗透。当然,这也为教育改革的继续和深入创造了有利条件。

2.分解后的综合

从准备和实施的方法来看,教育改革大致可以分为两类。一类比较局部和零散,一类更为综合。前者是经常的,大量的;后者往往在问题和矛盾较多或发生重大社会变革的时候出现。在这方面,最为典型的还是最近10多年。

前述 20 世纪八九十年代改革的前两个阶段有一个共同点,那就是把问题分解开,一一逐个解决。比如,社会党执政后不久,就于 20 世纪 80 年代初先后委托一些专家学者分别主持工作小组,制订有关改革方案。当时提出来的有,初等教育司长关于小学改革的报告、教育学家勒格朗关于初中改革的报告、教育史学家普洛斯特关于高中改革的报告、高等教育司长关于高等教育改革的计划、教育心理学家贝莱迪关于师范教育的报告等。它们大都对以后的改革产生了重要影响,有的还成为立法的基础。但是,这种方法从局部出发,视野不够开阔,缺乏全局观念,使改革显得分散和不连贯,有时甚至前后矛盾,横向不易协调,因而效果不甚理想。

教育是一项复杂的社会行为,其涉及面之广和涉及程度之深是罕见的。对于这样一种系统工程,就必须采取系统的方法,从全局出发,综合考虑,各局部有机配合,才能取得比较好的效果。

从认识论和方法论来看,第三阶段的改革前进了一步,综合性和全面性明显加强。在组阁半年后,总理罗卡尔于 1988 年底提出了他兴办现代化学校的基本思想:以消除留级现象为一大目标;以革新教学内容和方法,提高教师地位与待遇,扩大大中学校的招生能力为三大支柱;以减少班级学生数量,加强对学生的辅导,发展体育和艺术教育,增加教育经费等为主要措施。次年 7 月,法国议会通过了中期教育发展和改革的指导文件——"教育方针法"。这一做法本身至少说明了两点:必须全面规划国家教育的发展和改革,把它们置于总目标之下;既定方针基本不变,继续推行业已开始的各项改革。

如前所述,"教育方针法"没有提出重大的原则性变更。但是,它面面俱到,处处体现了法国政府的指导思想:在扩大入学率的同时提高成功率,在保证入学机会均等的基础上力求成功的机会均等。此后,分权放权继续进行,国家的集中统一和地方及学校的自主自治不再仅仅处于矛盾和对立状态,开始在某些地方和方面形成了有机的结合;学习年限和教学组织的灵活性进一步增强,专业结构的调整继续深入;在大量、广泛的调查和评估的基础上,开始了教学内容和方法的改革;中小学教师职前和在职培养统一化和一体化经试点后全面铺开。所以,应该说1989年教育方针法最重要的意义就在于,它不仅全面总结了前一个时期的各项局部改革,使之系统化,而且提出了国家教育发展的中期目标,使此后的所有工作围绕着一个中心进行,涵盖面超过了以往任何一项法律和任何一次改革。

3.现行政策的连续性

1991年右派组阁后,一反过去上台伊始便全面否定以前政策的常态,继续稳步推行业已开始的改革,教育部长的155条建议全面概括了政府行动的要点。

1994年初,在大规模的反对修改《法鲁法》的示威行动后。埃杜瓦·巴拉迪尔总理于1月27日提出了"为学校建立新合同"的思想,教育部长随之与有关方面,特别是工会组织进行了协商。5月9日,在第一阶段的协商之后他提出了155条建议。6月16日,总理和教育部长又发表讲话,把这些建议作了分类介绍。他们指出,第一是明确任务,加强协调,主要内容包括:小学和初中实施的是基础教育,对学生毕业时的知识和能力应有简单明确的规定;重新制定小学和初中的教学大纲,简化内容,突出重点,加强各学科之间的协调;每个年级和阶段的教学大纲应在学年初告知学生和家长以及每位新教师;教师参与大纲的制定和考试的命题;加强初等教育和中等教育期间各年级和各阶段的连续性,特别是小学与初中、初中与高中以及高中与大学校预备班的衔接;建立专门机构,吸收各部门负责人共同深入思考教育的重大问题,通过宣传提高教师和学校的地位;建立工作小组,研究公民的定义,明确民族的需要。第二是以克服不平等为基本重点,主要内容包括:把掌握书面和口头法语作为重点的重点,加强在职教师的培训,建立全国性调查研究机构,每年提出一份报告;要培养学生的工作方法,提倡"学会学习",每天给学生一定的独立工作时间,让他们真正学会自理;加强公民教育,除了解民主制度之外,还要培养学生在社会和个人生活中的责任感;从小学第二年开始,利用视听技术,每天进行 15 分钟的外语教学,初中后两年开设第二外语;小学每天都要接触音乐;增加初中的体育课时;每个学生的方向指导和问题的解决都要适合个人情况,继续推行旨在加强灵活性的小学、初中、高中改革,通过尊重差别实现机会均等;教师、医生、心理学家、社会工作者等各方人士要加强合作,及早发现有困难的儿童并加以跟踪,与家庭合作,提出每个人的解决方案;鼓励残疾儿童与正常儿童合班上课;调整初中的教学组织,保证每一个学生的成功和教学的个别化;高中增设体育、计算机、艺术史等选修课,通过校际交流为学生增加学习外语的机会,提高职业和技术教育的地位,增加不同方向之间流动的机会,力求教学结合当地实际,加强与企业界的联系。第三是改善管理,主要内容包括:建立教师小组加强合作;吸收当地有关人士参与教育决策;给各地方教育当局以更多的自主权;加强教育教学研究,推广先进经验;减轻教师和学校的行政事务负担;加强学生与家长的联系;改善人事管理,帮助新任和有困难的教师;提高行政和服务人员的地位;加强评估工作;重新定义教师职前和在职培养的任务,组建国民教育干部高等学校;扩大师范生生源,提高质量;地方建立初高中基金,扩大学校自主权,改进学校的内部关系和安全状况;从纵横两个方向加强学校与学校和学校与社会的联系。第四是现在的学校要面向未来,主要内容包括:重视对教师在使用视听手段方面的培训,把新技术应用于知识的传播;改进和加强信息与方向指导工作;建立有关机构保证终身教育的实施;加强对辍学青少年的职业教育,帮助他们就业;鼓励学校开设晚间课程;各地应通过研究和协商,明确学校为完成其使命所应有的规模和条件。最后是执行新合同,主要内容包括:加强重点教育区幼儿学校的工作,保证学校落实改革所必须的人力物力条件;明确教育部的使命是设计、评估、检查和推动,重点是试验和指导,并据此调整机构和改革对人员的管理。